ドラゴンドリル

DRAGON WORKBOOK

ひらがな・カタカナ のまき

おおむかし、
ちきゅうには　つよい　ちからを　もった
ドラゴンたちが　いきて　いた。
しかし　あるとき、ドラゴンたちは
ばらばらに　され、ふういんされて　しまった…。
ドラゴンドリルは、
ドラゴンを　ふたたび　よみがえらせるための
アイテムである。

ここには、ひかりの　パワーを　もつ
5ひきの 「ひかりりゅうぞく」の ドラゴンが
ふういんされて　いるぞ。

ぼくの　なかまを
ふっかつ　させて！
ドラゴンマスターに
なるのは　キミだ！

なかまドラゴン
ドラコ

もくじ

ふういんページ

- レベル1 キネーク …… 3
- レベル2 ソーライト …… 5
- レベル3 デンボウ …… 7
- レベル4 セイリューガ …… 9
- レベル5 テンライコウ …… 11

1. ひらがなを かこう［つ・く・し］…… 17
2. ひらがなを かこう［い・こ・り］…… 19
3. ひらがなを かこう［て・そ・ひ・へ］…… 21
4. ひらがなを かこう［う・え・た・み］…… 23
5. ひらがなを かこう［ん・わ・ね・れ］…… 25
6. ひらがなを かこう［ち・ら・ろ・る］…… 27
7. ひらがなを かこう［と・の・め・ぬ］…… 29
8. ひらがなを かこう［け・は・ほ・に］…… 31
9. ひらがなを かこう［さ・き・せ・も］…… 33
10. ひらがなを かこう［あ・お・す・ま］…… 35
11. ひらがなを かこう［よ・か・や・ゆ］…… 37
12. ひらがなを かこう［な・む・ふ・を］…… 39
13. 「゛」の つく ひらがな①［が・ぎ・ぐ・げ・ご／ざ・じ・ず・ぜ・ぞ］…… 41
14. 「゛」の つく ひらがな②［だ・ぢ・づ・で・ど／ば・び・ぶ・べ・ぼ］…… 43
15. 「゜」の つく ひらがな［ぱ・ぴ・ぷ・ぺ・ぽ］…… 45
16. ひらがなの のばす おん …… 47
17. ちいさい「ゃ・ゅ・ょ・っ」の つく ことば …… 49
18. まちがえやすい ひらがな …… 51
19. まとめテスト① …… 53
20. かたかなを かこう［ア・イ・ウ・エ・オ］…… 59
21. かたかなを かこう［カ・キ・ク・ケ・コ］…… 61
22. かたかなを かこう［サ・シ・ス・セ・ソ］…… 63
23. かたかなを かこう［タ・チ・ツ・テ・ト］…… 65
24. かたかなを かこう［ナ・ニ・ヌ・ネ・ノ］…… 67
25. かたかなを かこう［ハ・ヒ・フ・ヘ・ホ］…… 69
26. かたかなを かこう［マ・ミ・ム・メ・モ］…… 71
27. かたかなを かこう［ヤ・ユ・ヨ］…… 73
28. かたかなを かこう［ラ・リ・ル・レ・ロ］…… 75
29. かたかなを かこう［ワ・ヲ・ン］…… 77
30. 「゛」の つく かたかな①［ガ・ギ・グ・ゲ・ゴ／ザ・ジ・ズ・ゼ・ゾ］…… 79
31. 「゛」の つく かたかな②［ダ・ヂ・ヅ・デ・ド／バ・ビ・ブ・ベ・ボ］…… 81
32. 「゜」の つく かたかな［パ・ピ・プ・ペ・ポ］…… 83
33. かたかなの のばす おん …… 85
34. ちいさい「ャ・ュ・ョ・ッ」の つく ことば …… 87
35. まちがえやすい かたかな …… 89
36. まとめテスト② …… 91

こたえとアドバイス …… 93

レベル 1

きままな　ちいさき　りゅう

キネーク

タイプ：でんき

えに　シールを　はって、
ドラゴンを　ふっかつさせよう！

1 2 3
4 5 6

たいりょく	▮▮▮
こうげき	▮▮
ぼうぎょ	▮▮
すばやさ	▮▮▮

ひっさつわざ　**プレイコイル**

すばやく　てきに
まきつき、きゅうしょに
かみつく。

ドラゴンずかん

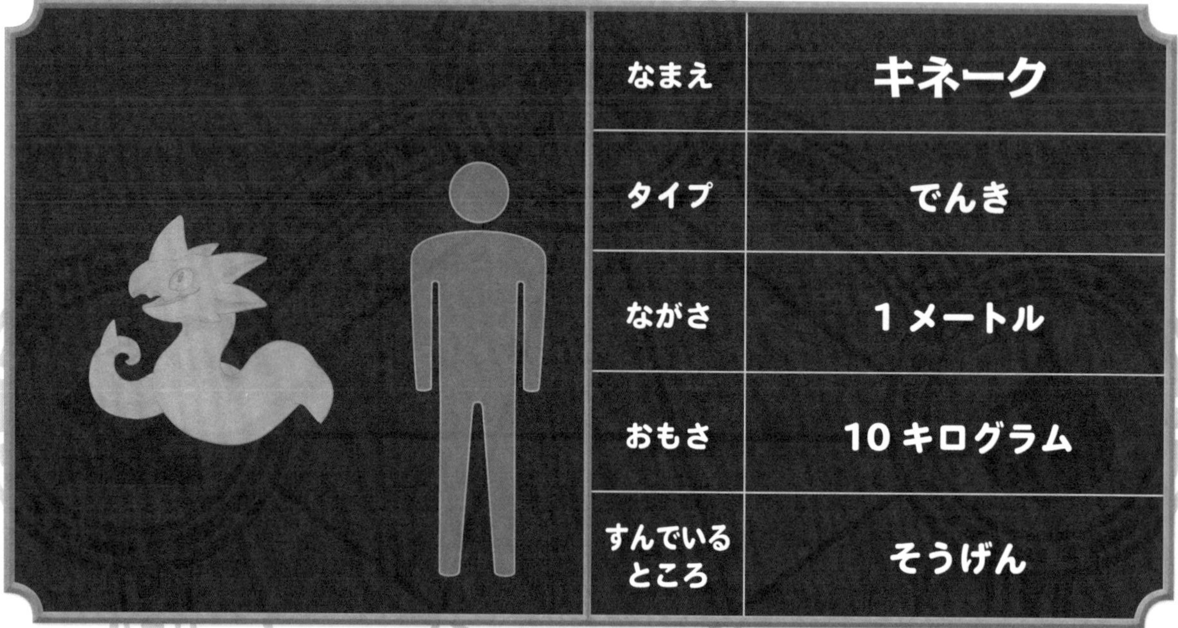

なまえ	キネーク
タイプ	でんき
ながさ	1 メートル
おもさ	10 キログラム
すんでいる ところ	そうげん

おおきな　つのを　もつ　へびの　ような　ドラゴン。にんげんの　ことばを　りかいして、いっしょに　あそぶ。きまぐれで、きまった　すみかを　もたない。

レベル 2

あおぞらに　はばたく　ひかりの　ドラゴン

ソーライト

タイプ：でんき・かぜ

えに　シールを　はって、
ドラゴンを　ふっかつさせよう！

7 8 9
10 11 12

たいりょく
こうげき
ぼうぎょ
すばやさ

ひっさつわざ　レーザーシャイン

くちに　ひかりの
エネルギーを　ためて、
ビームを　はっしゃする。

ドラゴンずかん

なまえ	ソーライト
タイプ	でんき・かぜ
ながさ	6 メートル
おもさ	350 キログラム
すんでいるところ	そら

おおきな　つばさを　もち、さっそうと　そらを　とぶ。ぎんいろの　うつくしい　つのと　つめを　もつ。はれの　ひには、たいようの　エネルギーを　うけて、げんきに　なる。

レベル 3

こころやさしい　くいしんぼう

デンボウ

タイプ：でんき・じめん

えに シールを　はって、
ドラゴンを　ふっかつさせよう！

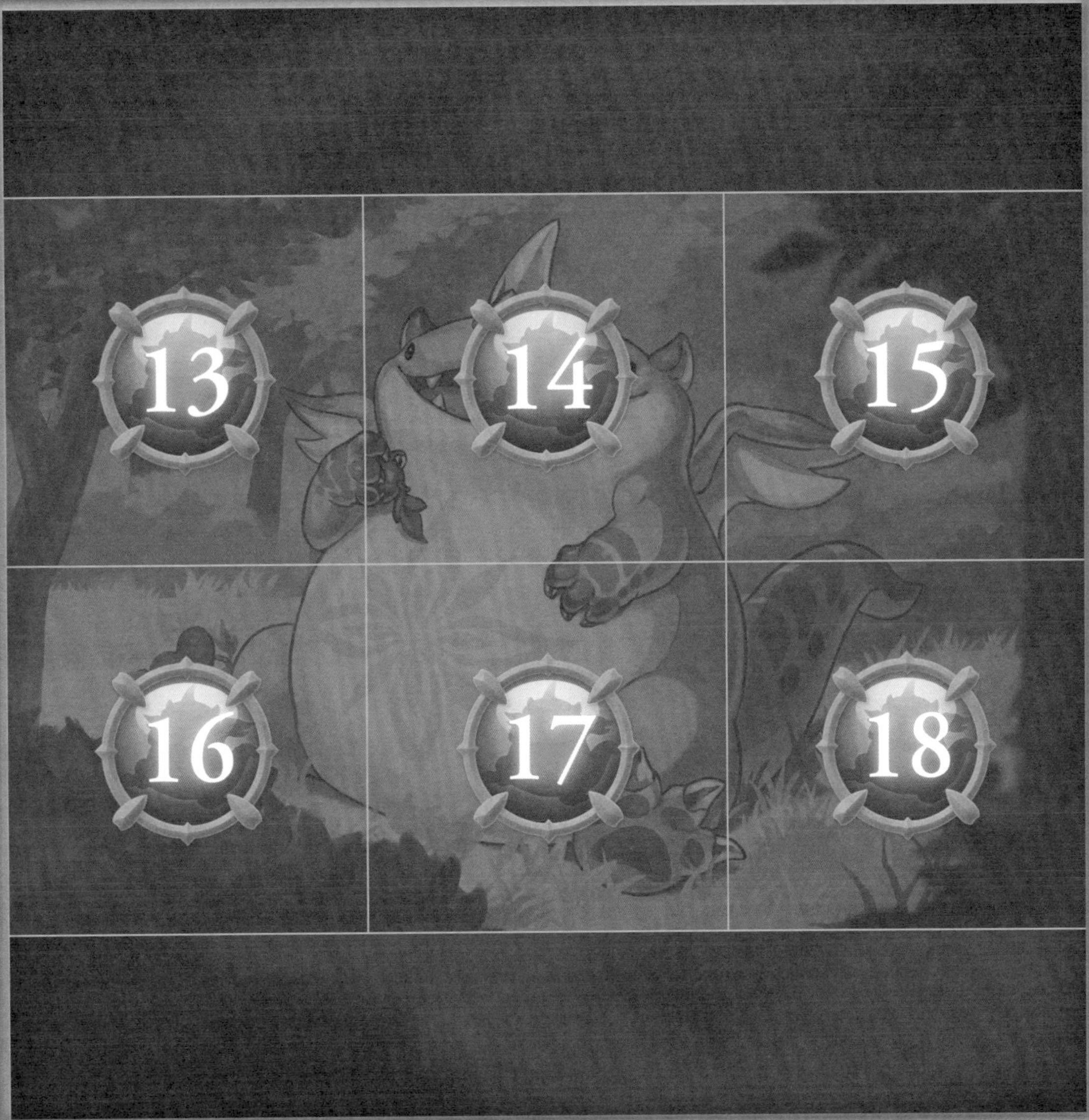

13 14 15
16 17 18

たいりょく	
こうげき	
ぼうぎょ	
すばやさ	

ひっさつわざ　**オッドパルス**

くちから　だした
きみょうな　でんぱで、
てきを　ねむらせる。

ドラゴンずかん

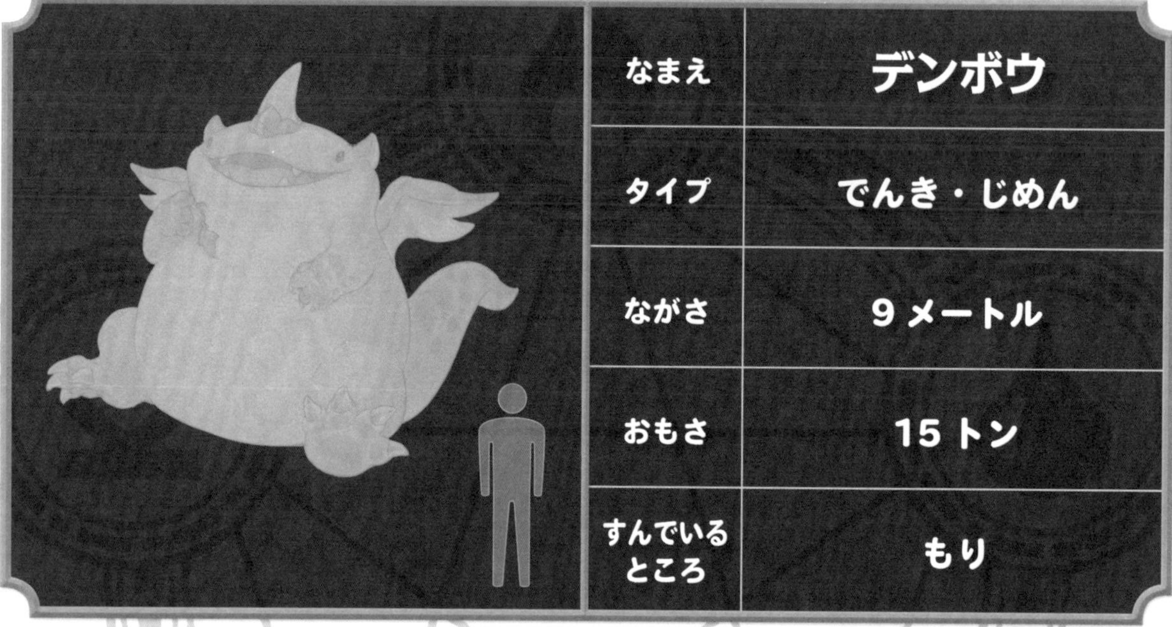

なまえ	デンボウ
タイプ	でんき・じめん
ながさ	9 メートル
おもさ	15 トン
すんでいる ところ	もり

たべる　ことと　ねむる　ことが　だいすきな　ふとっちょ　ドラゴン。うごきは　おそいが、ちからもち。おおきな　おなかは　ボヨンと　やわらかい。

レベル 4

てんくうを　きりさく　ながれぼし

セイリューガ

タイプ：でんき・かぜ

えに　シールを　はって、
ドラゴンを　ふっかつさせよう！

19 20 21
22 23 24
25 26 27

たいりょく
こうげき
ぼうぎょ
すばやさ

ひっさつわざ　ソニックソーン

ぜんしんの　とげで、
てきを　しゅんじに
きりさく。

ドラゴンずかん

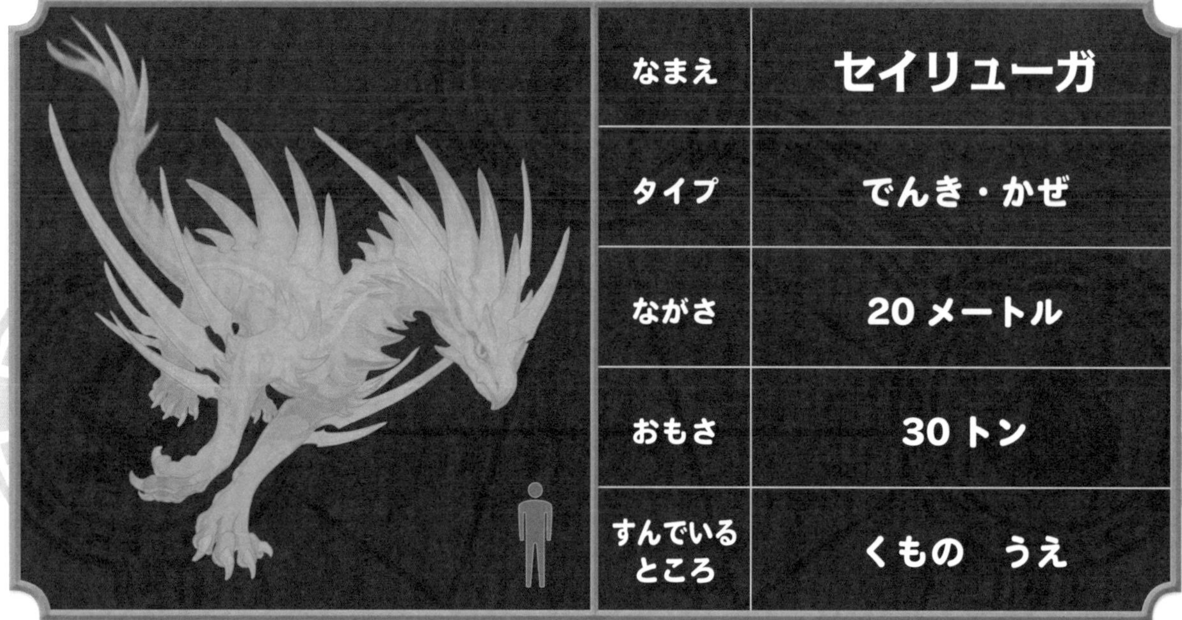

なまえ	セイリューガ
タイプ	でんき・かぜ
ながさ	20 メートル
おもさ	30 トン
すんでいるところ	くもの　うえ

ながれぼしの　ように　はやく　そらを　はしる。とても　たかい　ばしょを　とぶので、めったに　みることは　できない。まえあしや　しっぽの　やいばは　きれあじ　ばつぐん。

レベル 5

せいぎを　つかさどる　わかき　こうてい

テンライコウ

タイプ：ほのお

えに　シールを　はって、
ドラゴンを　ふっかつさせよう！

28	29	30
31	32	33
34	35	36

たいりょく
こうげき
ぼうぎょ
すばやさ

ひっさつわざ　**こうりんのみちびき**

たいようの　エネルギーを
はなち、てきを
やきはらう。

ドラゴンずかん

なまえ	テンライコウ
タイプ	ほのお
ながさ	25 メートル
おもさ	45 トン
すんでいるところ	てんくう

まぶしい　ひかりと　ともに　あらわれる。たいようの　エネルギーを　つかい、せいぎを　たすけ、あくを　ほろぼす。にんげんを　ただしい　みちに　みちびくと　いわれている。

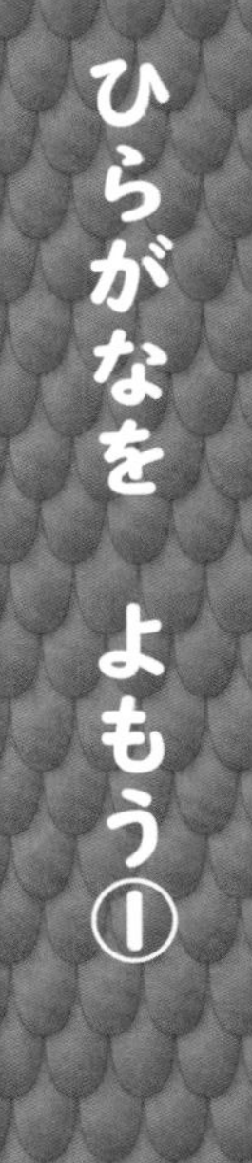

ひらがなを　よもう①

「あいうえお」、「かきくけこ」が　つく　ことばを　よみましょう。

あ
あし　あり

い
いす　いぬ

う
うま　うさぎ

え
えき　えり

お
おに　おりがみ

か
かい　かがみ

き
きりん　きつね

く
くり　くるみ

け
けいと　けむし

こ
こま　こだいこ

ゆびを
さしながら
よもう。

「さしすせそ」、「たちつてと」が　つく　ことばを　よみましょう。

ひらがなを よもう②

「なにぬねの」、「はひふへほ」が つく ことばを よみましょう。

な
なし
なべ

に
にく
にじ

ぬ
ぬの
ぬりえ

ね
ねこ
ねんど

の
のり
のはら

は
はな
はさみ

ひ
ひも
ひよこ

ふ
ふね
ふくろ

へ
へび
へちま

ほ
ほし
ほたる

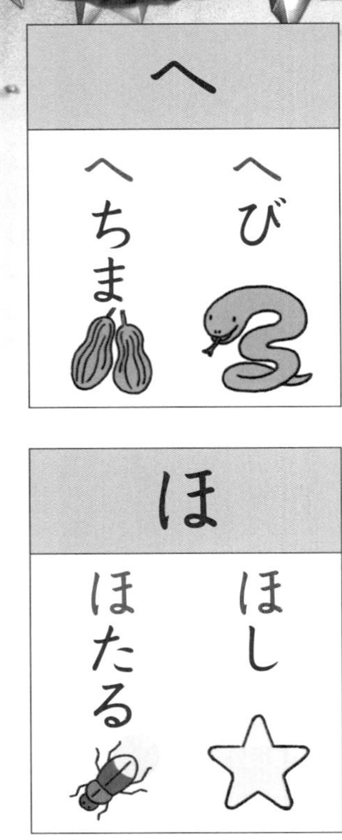

「まみむめも」、「やゆよ」が　つく　ことばを　よみましょう。

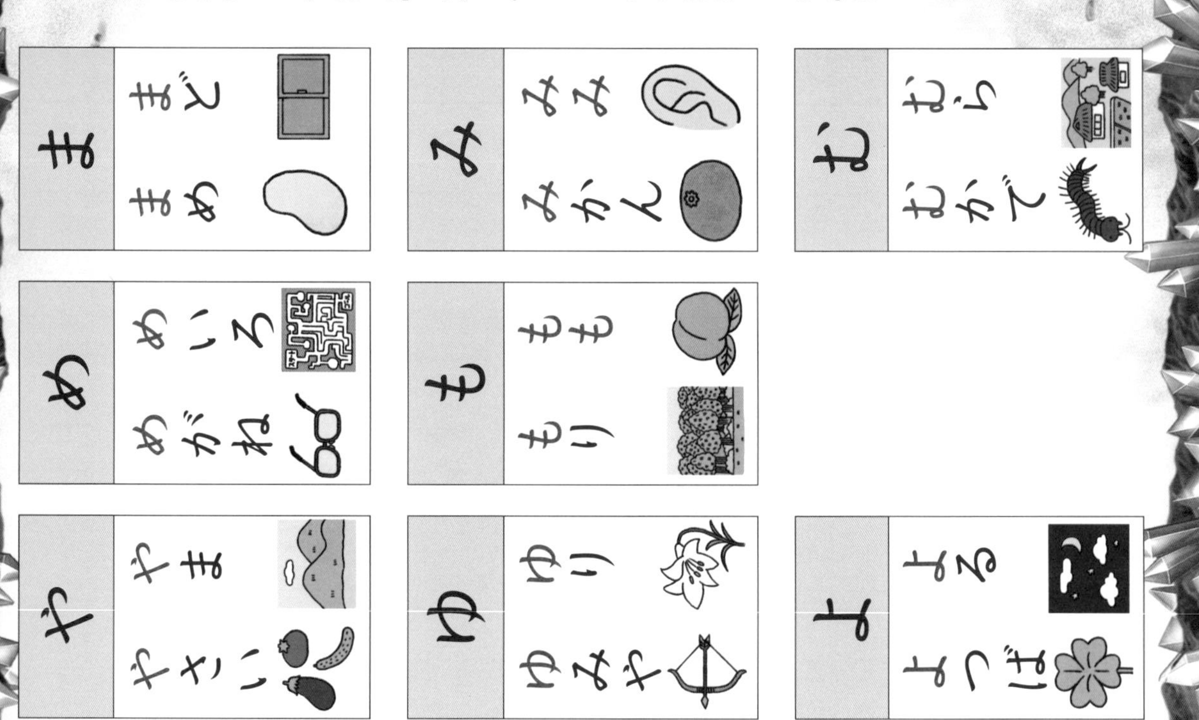

「らりるれろ」、「わをん」が　つく　ことばを　よみましょう。

ら
らくだ
らっぱ

り
りす
りんご

る
るすばん
さる

れ
れつ
れんが

ろ
ろば
ろうか

わ
わに
わかめ

を
じを　かく。
ほんを　よむ。

ん
ほん
でんわ

ぜんぶ
よめたね。

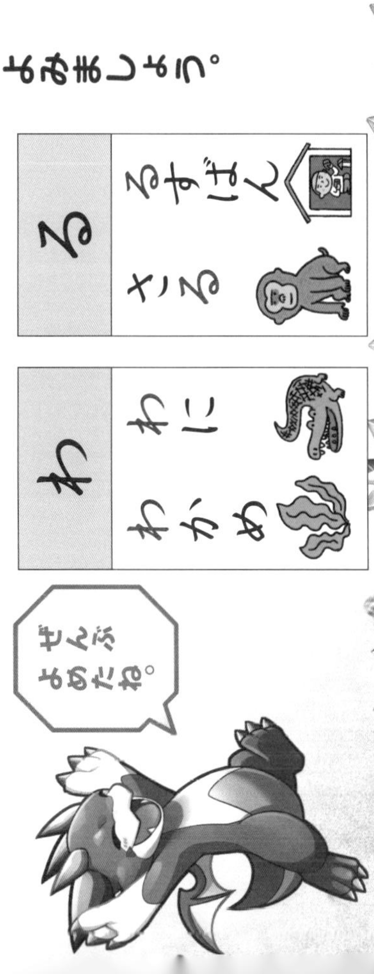

ひらがなを　かこう
つ・く・し

がつ　　にち

ゆびで　なぞりましょう。

つ（1）まげる　はらう

く（1）とめる

し（1）まげる　はらう

うすい　じを　なぞってから　かきましょう。

かきじゅん	
つ	1 つ
く	1 く
し	1 し

ことばを　よもう

つる
つくえ
つくしんぼ

ことばを　よもう

くも
くり
くるみ

ことばを　よもう

しか
しま
しおり

ゆびに　ちからを
いれすぎないように
しよう！

1 えを　みて、□に　あう　じを　かきましょう。

① □ま　しま

② □か　しか

③ □る　つる

④ □るみ　くるみ

⑤ □り　くり

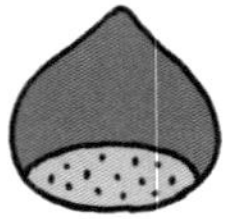

⑥ □□え　つくえ

⑦ □も　くも

⑧ □おり　しおり

⑨ □□□た　くつした

⑩ □□□んぼ　つくしんぼ

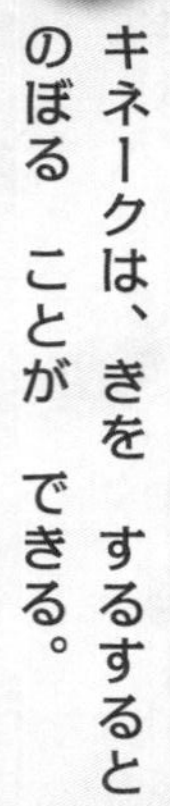

ドラゴンのひみつ

キネークは、きを　するすると　のぼる　ことが　できる。

こたえあわせを　したら　①の　シールを　はろう！

2 ひらがなを かこう い・こ・り

がつ　にち

ゆびで なぞりましょう。

うすい じを なぞってから かきましょう。

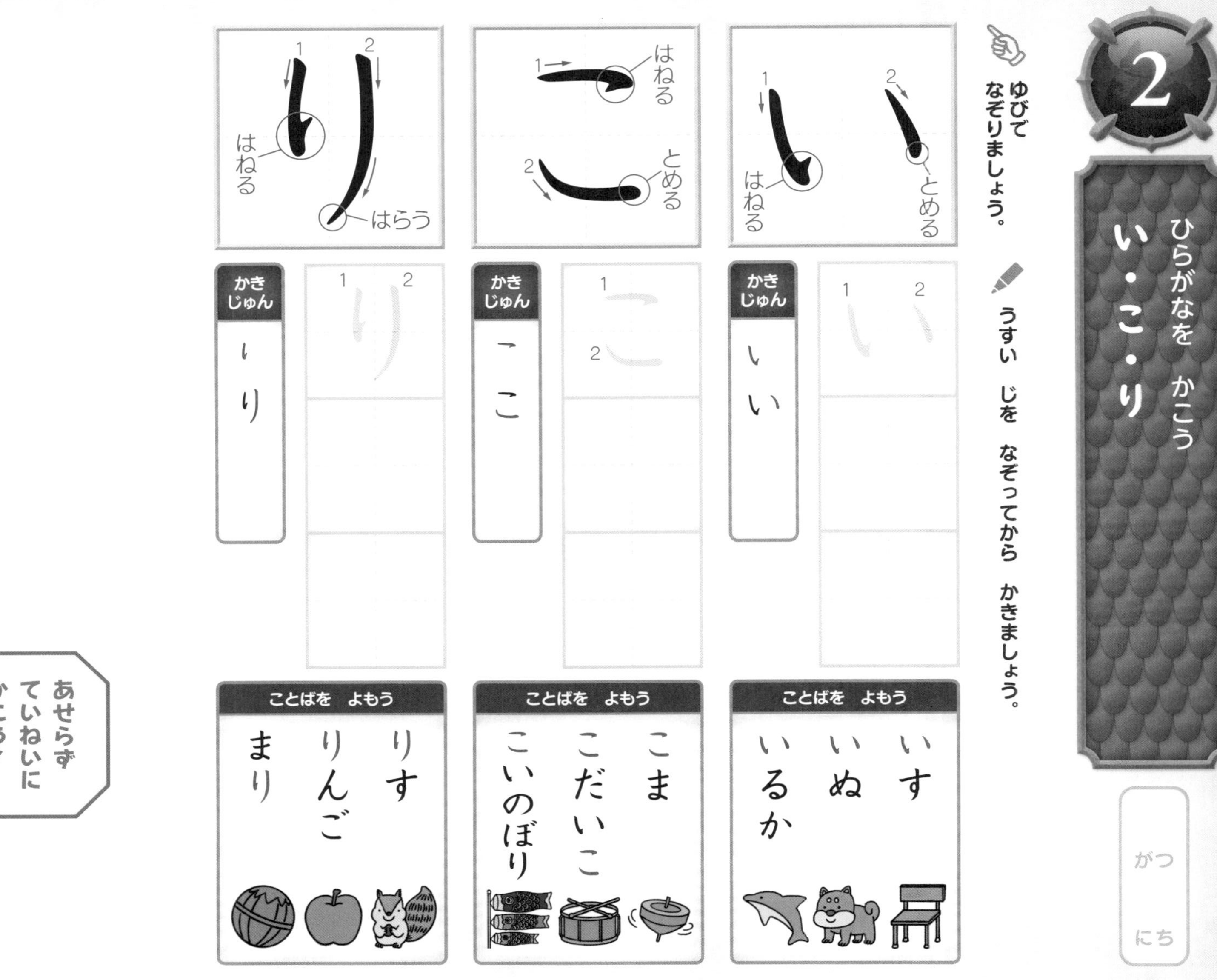

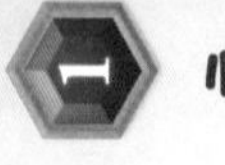

1 えを みて、□に あう じを かきましょう。

①
こま
□ ま

②
りす
□ す

③
いす
□ す

④
りんご
□ ん ご

⑤
こい
□ □

⑥
いるか
□ る か

⑦
いぬ
□ ぬ

⑧
いんこ
□ ん □

⑨
こだいこ
□ だ □ □

⑩
こいのぼり
□ □ の ぼ □

ドラゴンの ひみつ
キネークは、きの あなの なかや、どうくつで ねむる。

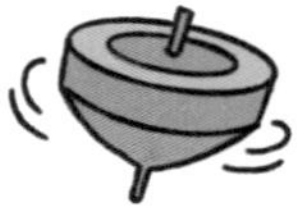

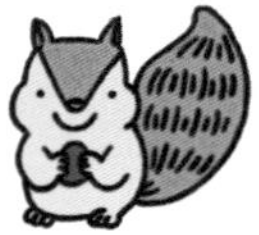

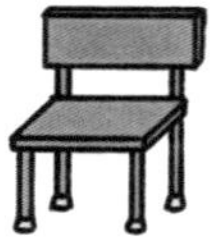

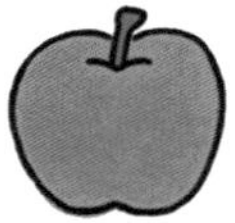

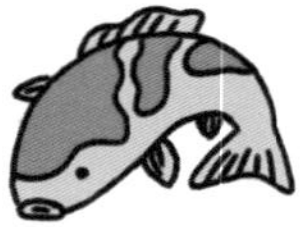

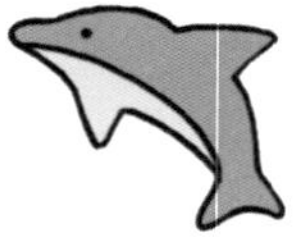

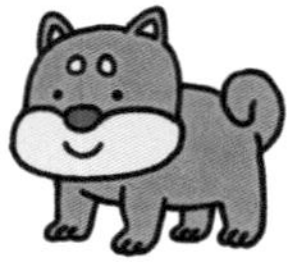

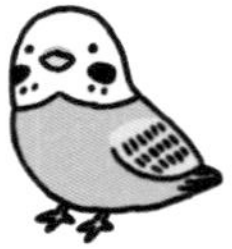

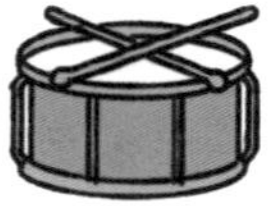

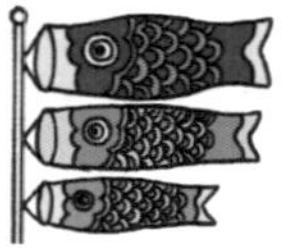

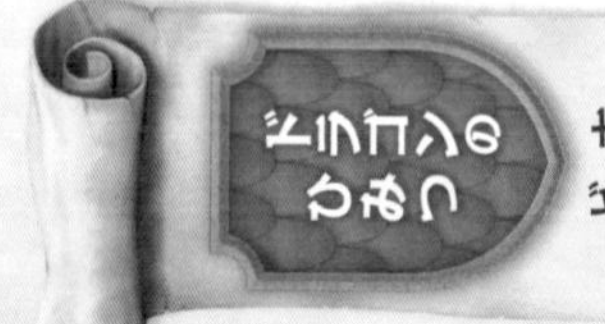

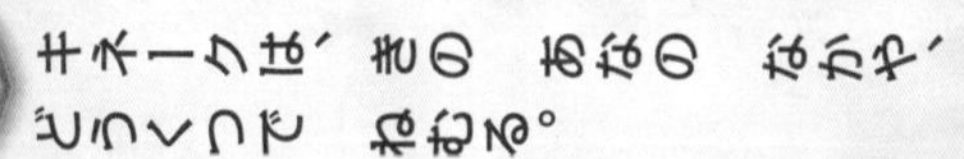

こたえあわせを したら ②の シールを はろう！

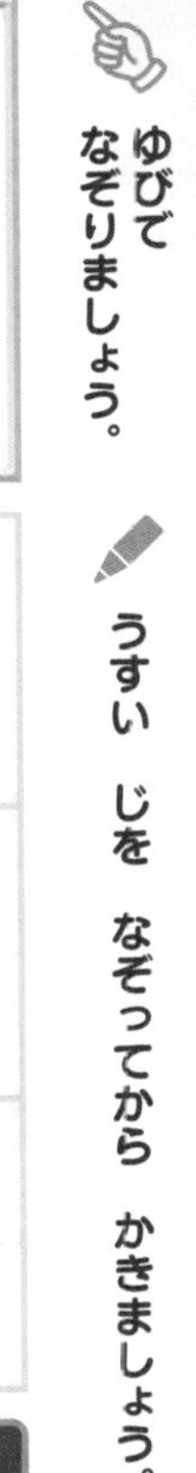

ひらがなを かこう て・そ・ひ・へ

がつ　にち

ゆびで なぞりましょう。

うすい じを なぞってから かきましょう。

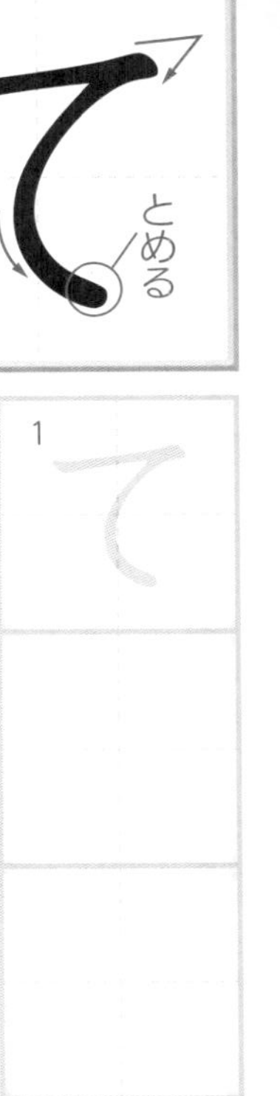

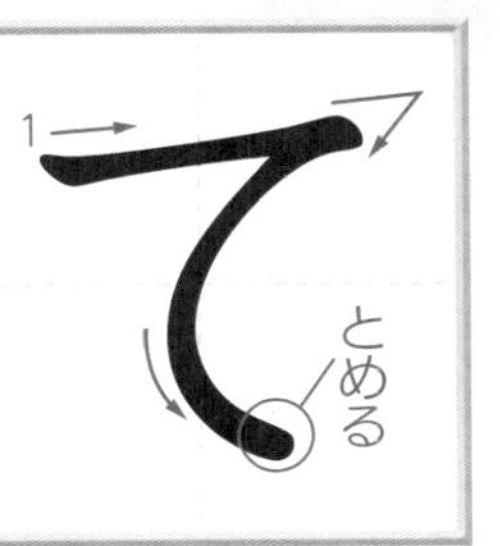

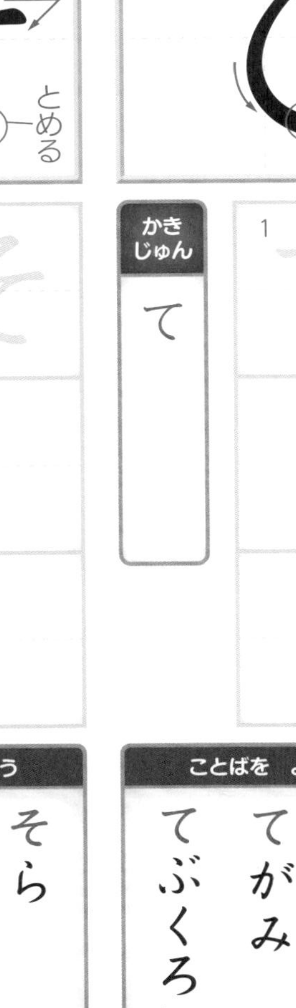

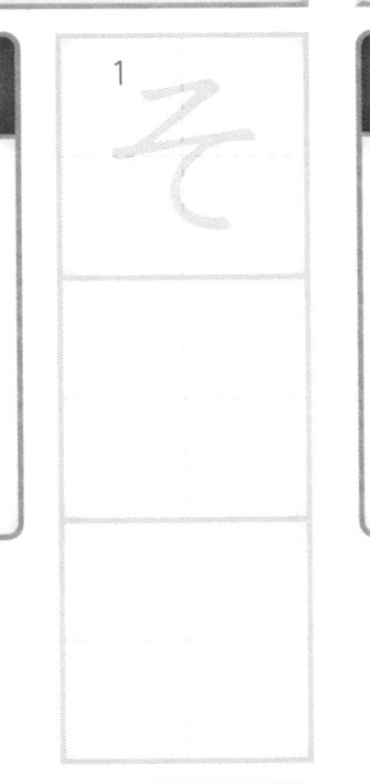

かきじゅん て

ことばを よもう
てら
てがみ
てぶくろ

かきじゅん そ

ことばを よもう
そら
そり
そうじき

かきじゅん ひ

ことばを よもう
ひも
ひよこ
ひまわり

かきじゅん へ

ことばを よもう
へそ
へび
へちま

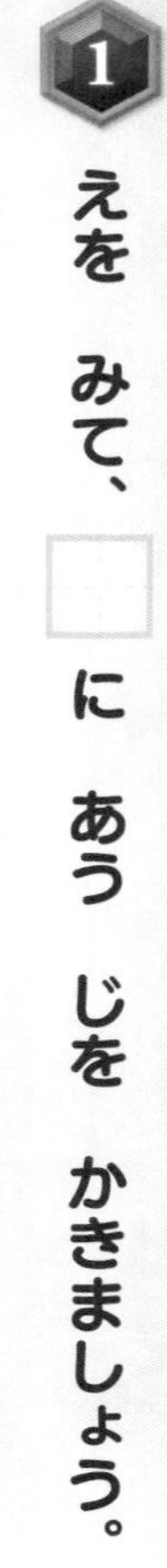

1 えを みて、□に あう じを かきましょう。

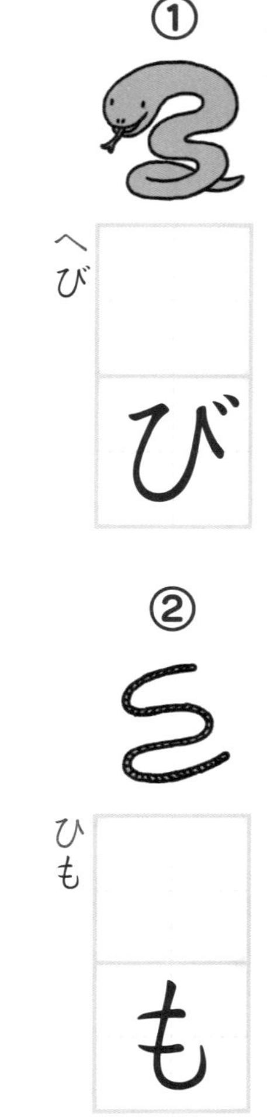

① へび　□ び

② ひも　□ も

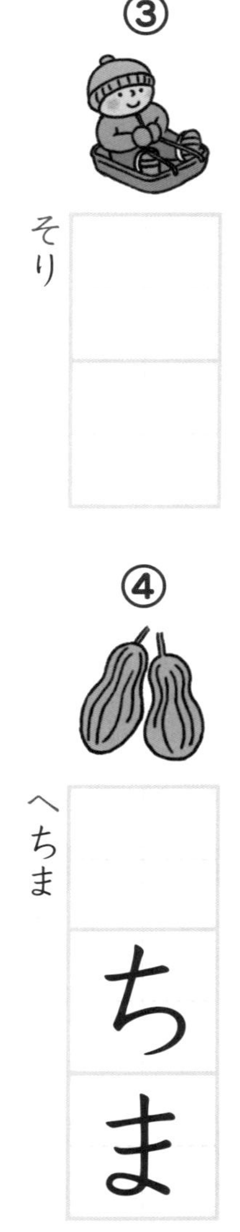

③ そり　□ □

④ へちま　□ ち ま

⑤ てら　□ ら

⑥ ひよこ　□ よ □

⑦ へそ　□ □

⑧ てがみ　□ が み

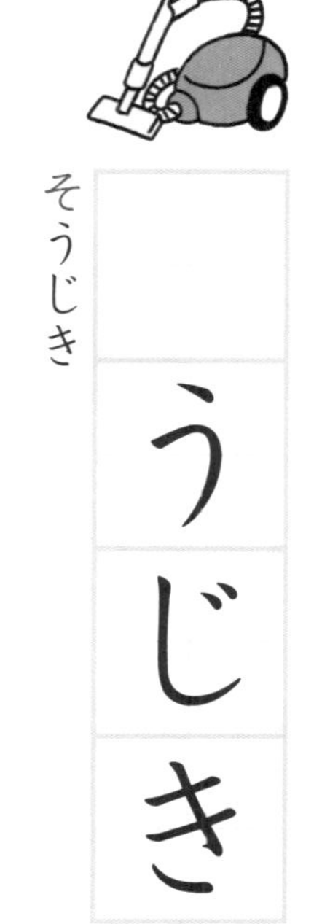

⑨ そうじき　□ う じ き

⑩ てぶくろ　□ ぶ □ ろ

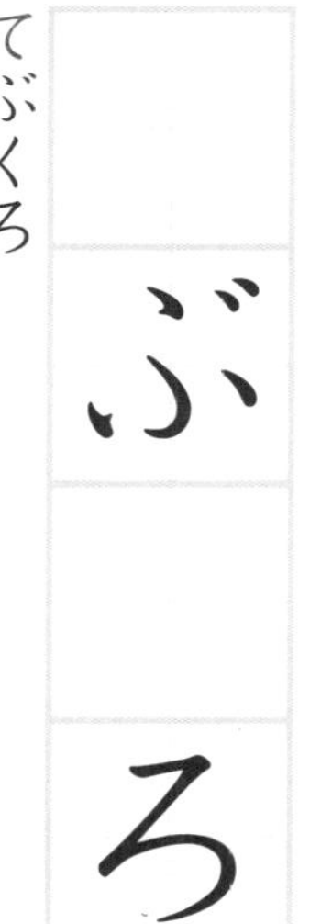

ドラゴンの ひみつ
キネークの めは、よるに なると あおじろく ひかる。

こたえあわせを したら ③の シールを はろう！

4 ひらがなを かこう
う・え・た・み

がつ　にち

ゆびで なぞりましょう。

うすい じを なぞってから かきましょう。

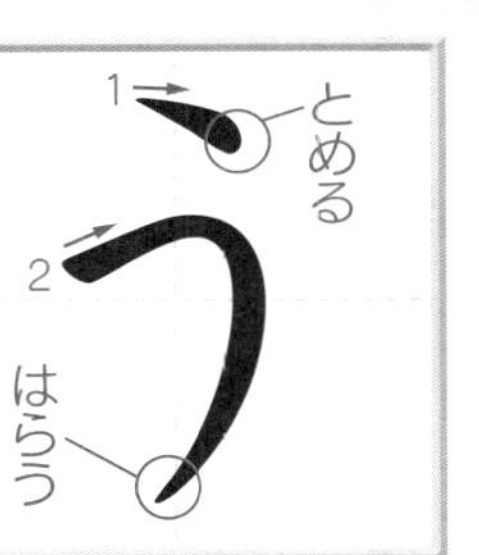

かきじゅん
1 2 う

ことばを よもう
うみ
うさぎ
うわばき

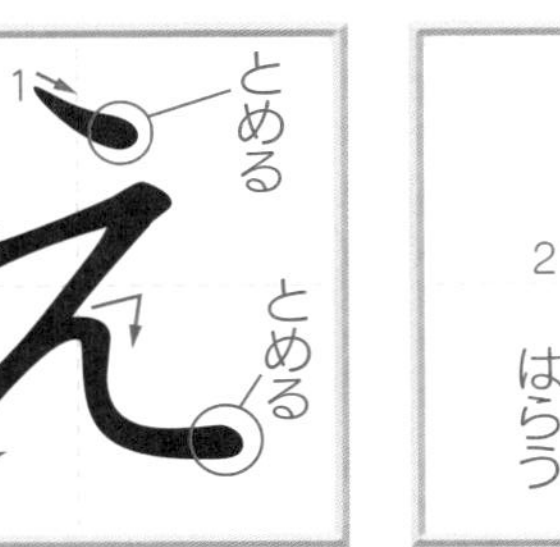

かきじゅん
1 2 え

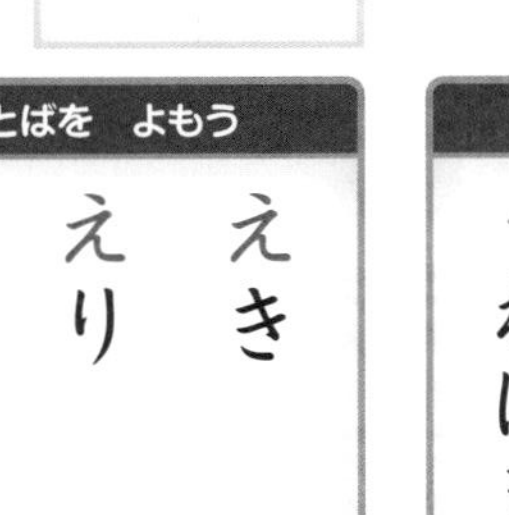

ことばを よもう
えき
えり
えんそく

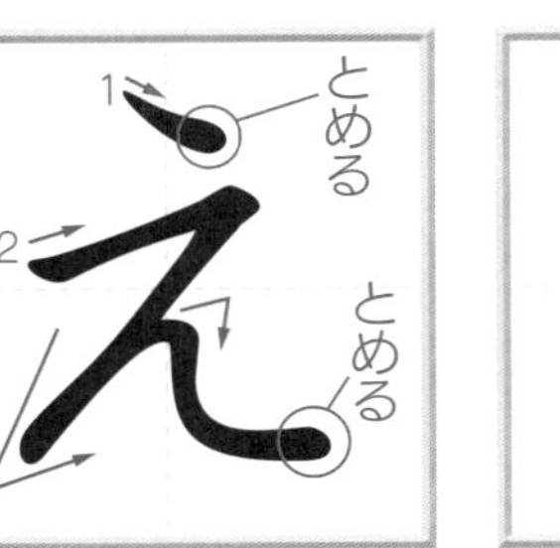

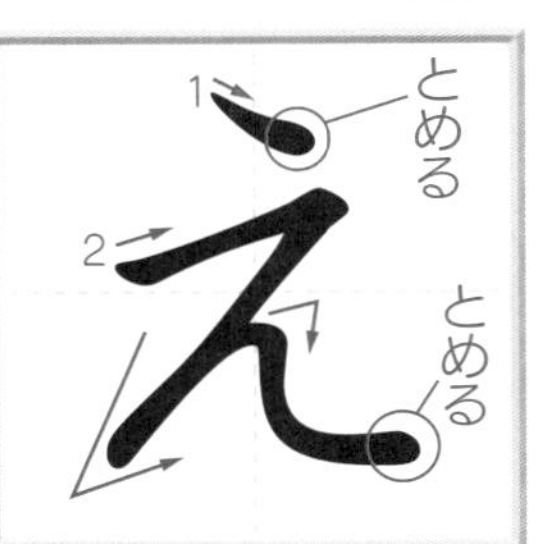

かきじゅん
一 ナ た た

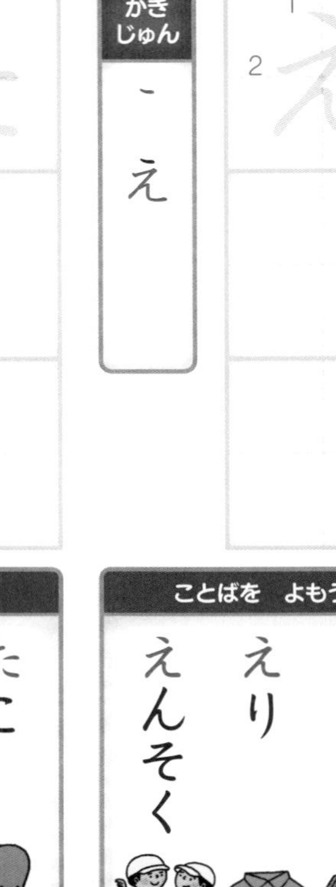

ことばを よもう
たこ
たから
たけのこ

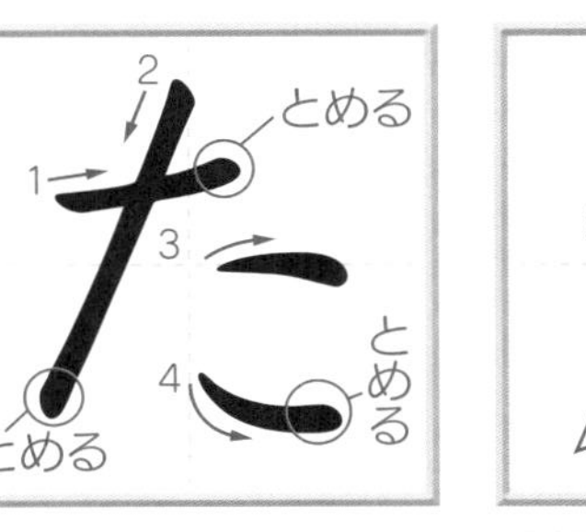

かきじゅん
み み

ことばを よもう
みみ
みかん
みどり

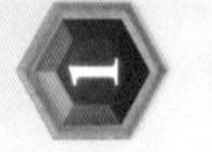

1 えを みて、□に あう じを かきましょう。

① 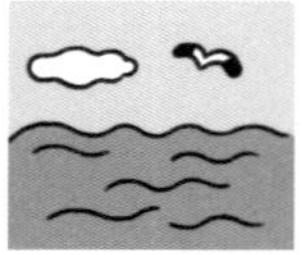
うみ
□□

② 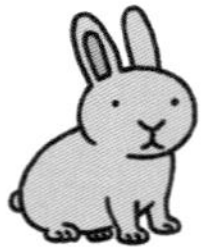
うさぎ
□さぎ

③ 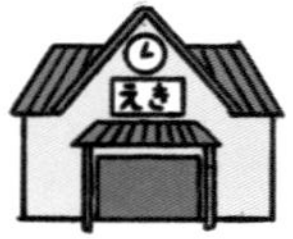
えき
□き

④ 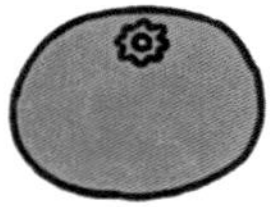
みかん
□かん

⑤ 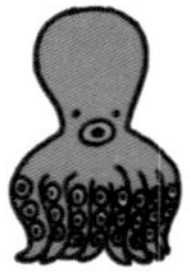
たこ
□□

⑥ 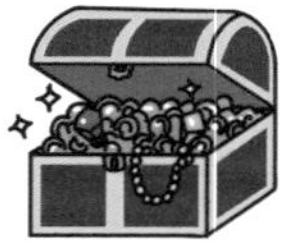
たから
□から

⑦ 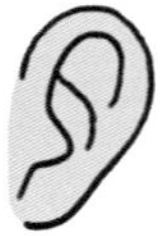
みみ
□□

⑧ 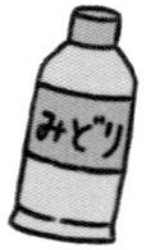
みどり
□ど□

⑨ 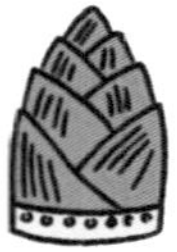
たけのこ
□けの□

⑩ 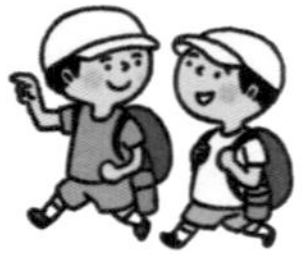
えんそく
□ん□□

ドラゴンの ひみつ
キネークは、あたまの おおきな つのが じまんだ。

こたえあわせを したら ④の シールを はろう!

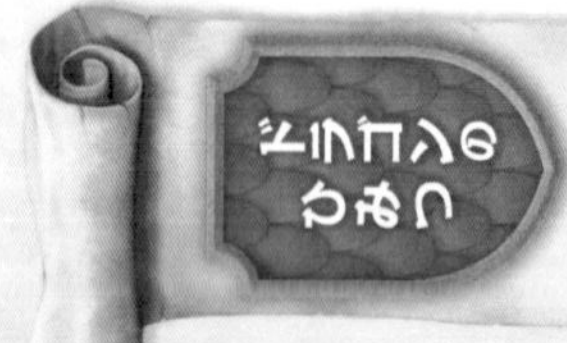

ひらがなを　かこう
ん・わ・ね・れ

がつ　にち

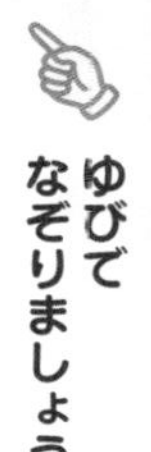

ゆびで　なぞりましょう。

うすい　じを　なぞってから　かきましょう。

かきじゅん
ん

ことばを　よもう

ほん
でんわ
しんぶんし

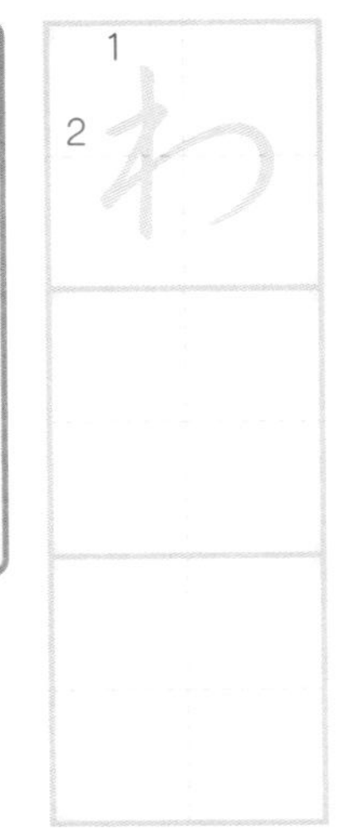

かきじゅん
｜
わ

ことばを　よもう

わに
わかめ
わりばし

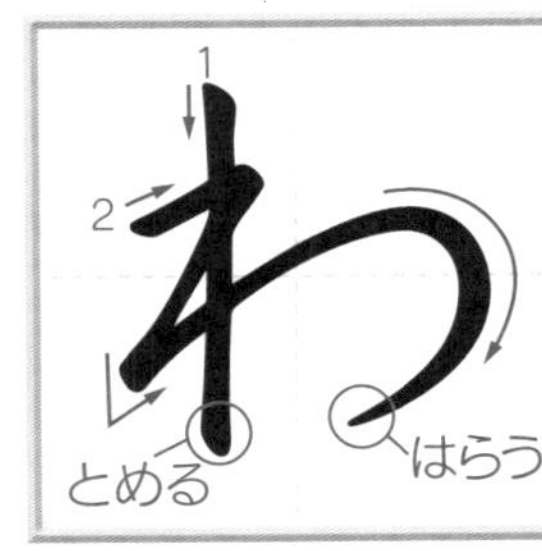

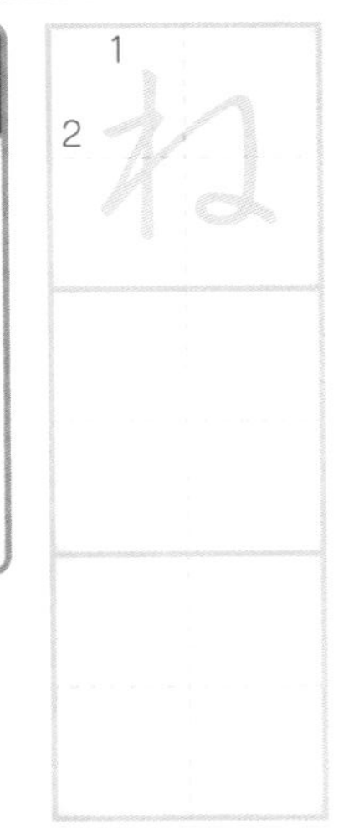

かきじゅん
｜
ね

ことばを　よもう

ねこ
ねずみ
ねんど

かきじゅん
｜
れ

ことばを　よもう

れつ
れんが
れんこん

「わ」「ね」「れ」は、じの　かたちが　にて　いるね。

えを　みて、□に　あう　じを　かきましょう。

①  ほ□（ほん）

② 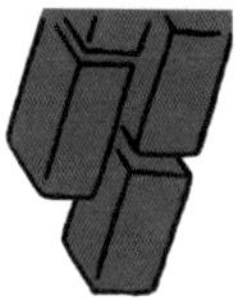 □□が（れんが）

③  □に（わに）

④  □ず□（ねずみ）

⑤ □□（ねこ）

⑥  で□□（でんわ）

⑦ □□（れつ）

⑧  □かめ（わかめ）

⑨ □□□□（れんこん）

⑩  □□ば□（わりばし）

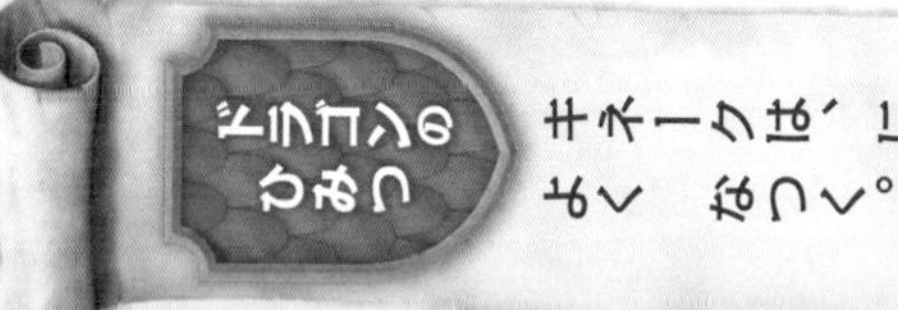

ドラゴンの ひみつ

キネークは、にんげんの　こどもに よく　なつく。

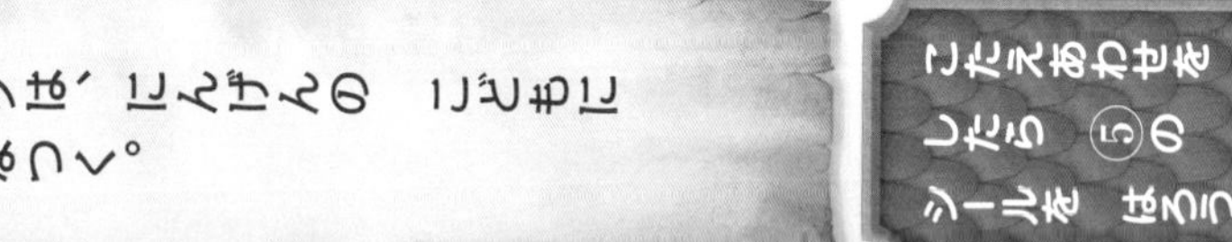

こたえあわせを したら ⑤の シールを　はろう！

ひらがなを かこう
ち・ら・ろ・る

がつ　にち

ゆびで なぞりましょう。

うすい じを なぞってから かきましょう。

かきじゅん　一　ち

ことばを よもう

ちず
ちち
ちりとり

かきじゅん　丶　ら

ことばを よもう

らくだ
らっぱ
らっかせい

かきじゅん　ろ

ことばを よもう

ろば
ろうか
ろうそく

かきじゅん　る

ことばを よもう

るすばん
さる
かえる

とめ、はらいに ちゅういして かこう。

えを　みて、□に　あう　じを　かきましょう。

①  ちち　□□

②  かえる　か□□

③  ろば　□ば

④  らっぱ　□っぱ

⑤ 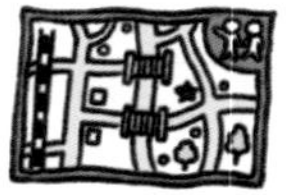 ちず　□ず

⑥  ろうか　□□か

⑦  さる　さ□

⑧  らくだ　□□だ

⑨  ろうそく　□□□□

⑩  ちりとり　□□と□

ドラゴンのひみつ

キネークは、つのから　たいようのエネルギーを　きゅうしゅうする。

こたえあわせを　したら　⑥の　シールを　はろう！

7

ひらがなを　かこう
と・の・め・ぬ

がつ　にち

ゆびで　なぞりましょう。

うすい　じを　なぞってから　かきましょう。

かきじゅん　、　と

ことばを　よもう

とら　とり　とけい

かきじゅん　の

ことばを　よもう

のり　のはら　のこぎり

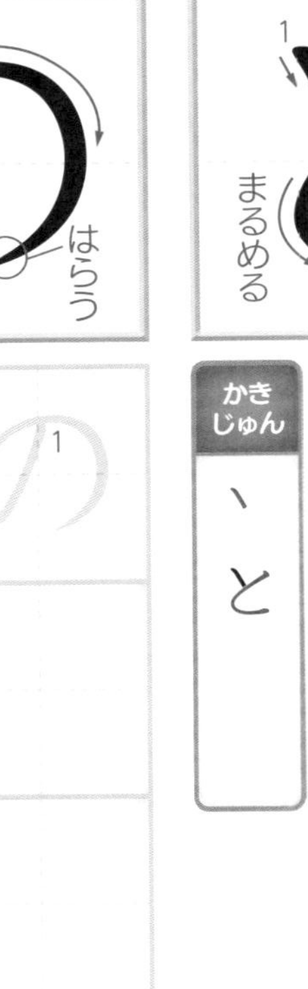

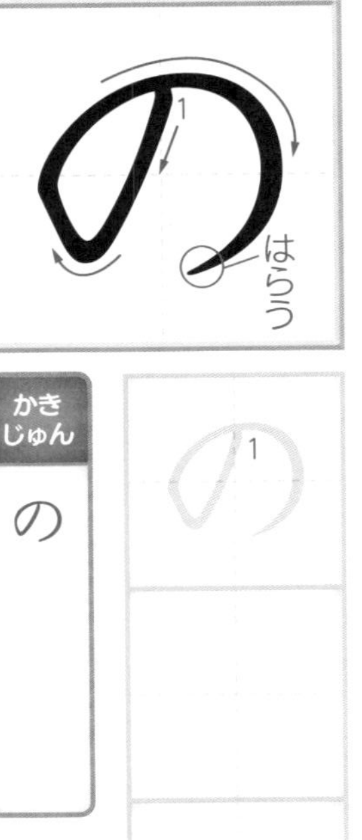

かきじゅん　丶　め

ことばを　よもう

めいろ　めがね　めだまやき

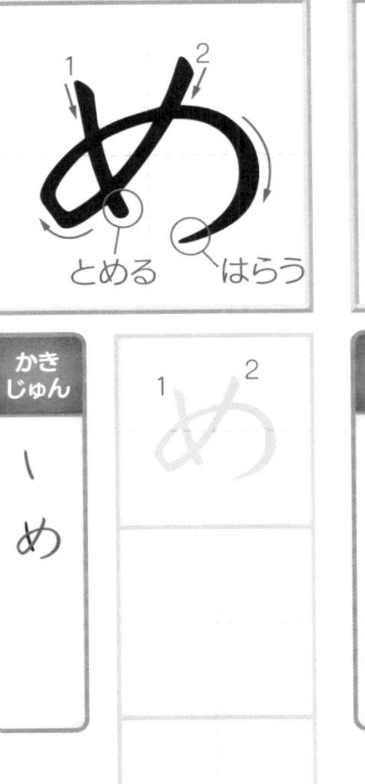

かきじゅん　丶　ぬ

ことばを　よもう

ぬの　ぬりえ　ぬいぐるみ

えを みて、□に あう じを かきましょう。

①（とら）

②（めいろ）

③（ぬの）

④（とけい）け

⑤（とり）

⑥（のはら）は

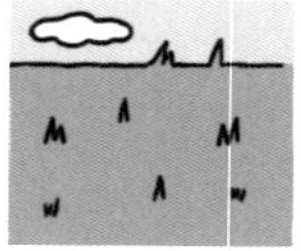

⑦（のり）

⑧（めがね）が

⑨（のこぎり）ぎ

⑩（ぬいぐるみ）ぐ

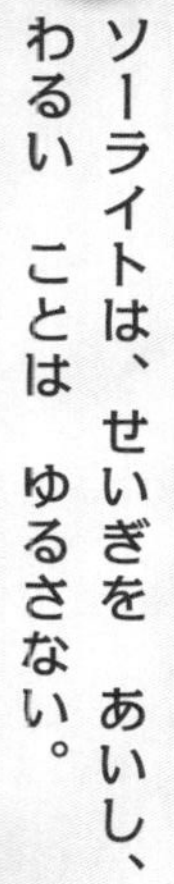

ドラゴンのひみつ

ソーライトは、せいぎを あいし、わるい ことは ゆるさない。

こたえあわせを したら ⑦の シールを はろう！

8 ひらがなを　かこう　け・は・ほ・に

がつ　にち

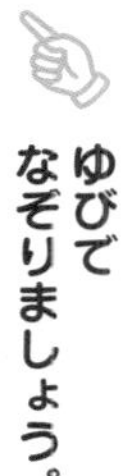

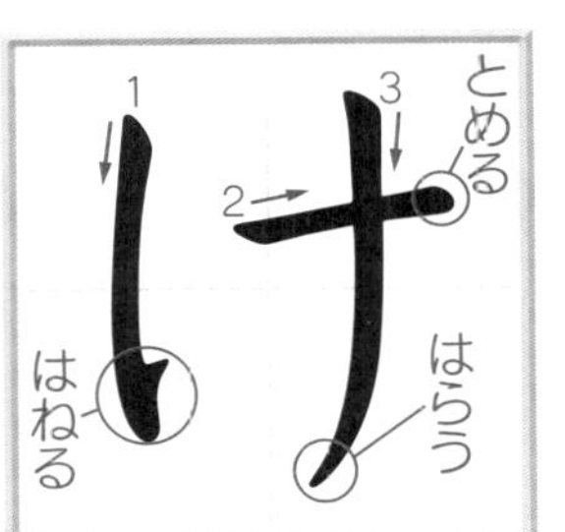

かきじゅん　し　しー　け

かきじゅん　し　しー　は

かきじゅん　し　しー　に　ほ

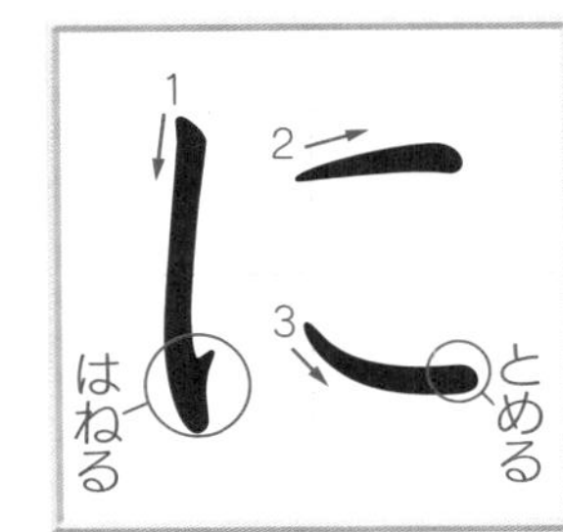

かきじゅん　し　しー　に

えを　みて、□に　あう　じを　かきましょう。

① 　はな　□な

② 　けいと　□□□

③ 　にじ　□じ

④ 　はさみ　□さ□

⑤ 　ほし　□□

⑥ 　けむし　□む□

⑦ 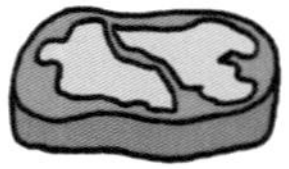　にく　□□

⑧ 　ほたる　□□□

⑨ 　はみがき　□□がき

⑩ 　けんこう　□□□□

ドラゴンのひみつ

ソーライトは、テレパシーで　ひとの　こころを　かんじとる。

こたえあわせを　したら　⑧の　シールを　はろう！

9 ひらがなを かこう さ・き・せ・も

がつ　にち

ゆびで なぞりましょう。

うすい じを なぞってから かきましょう。

かきじゅん　一　ナ　さ

2
1
3

ことばを よもう

さめ
さかな
さかみち

かきじゅん　一　二　キ　き

3
1
2
4

ことばを よもう

きく
きつね
きりん

かきじゅん　一　十　せ

3
2
1

ことばを よもう

せみ
せなか
せんろ

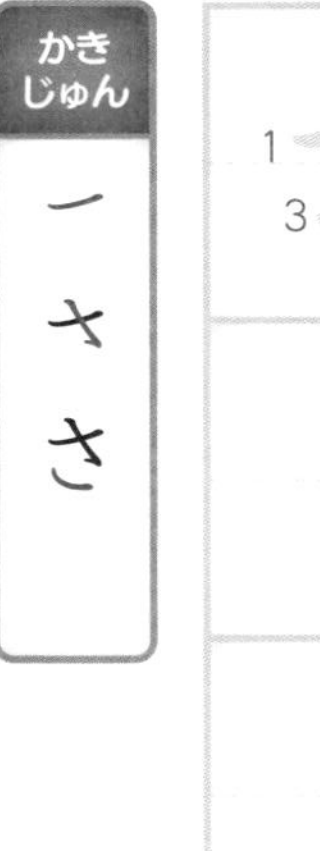

かきじゅん　し　も　も

1
2
3

ことばを よもう

もも
もり
もみじ

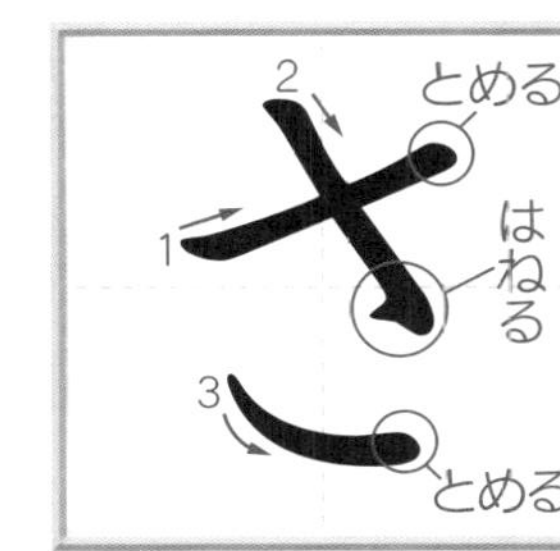
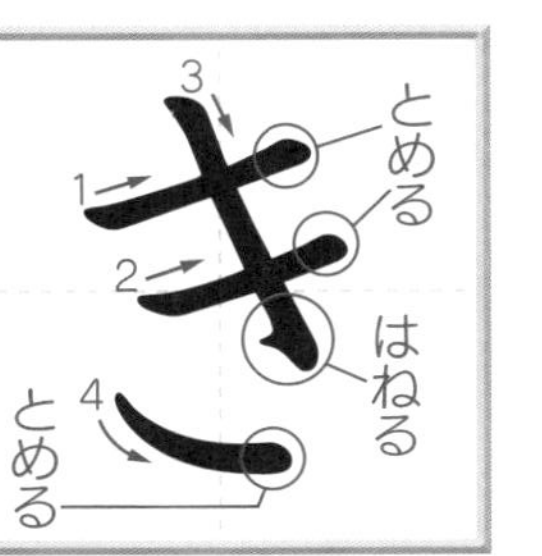
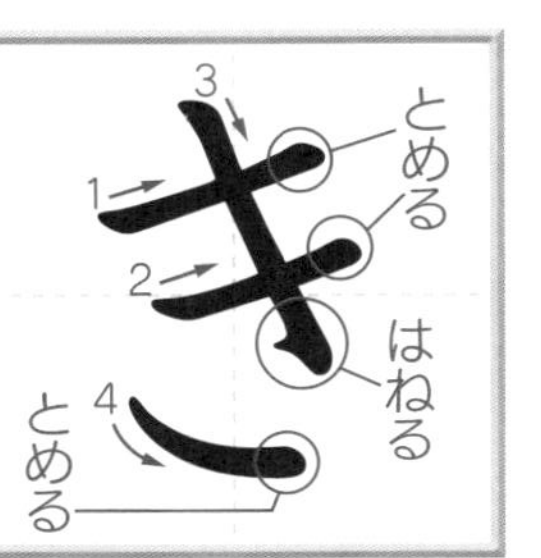
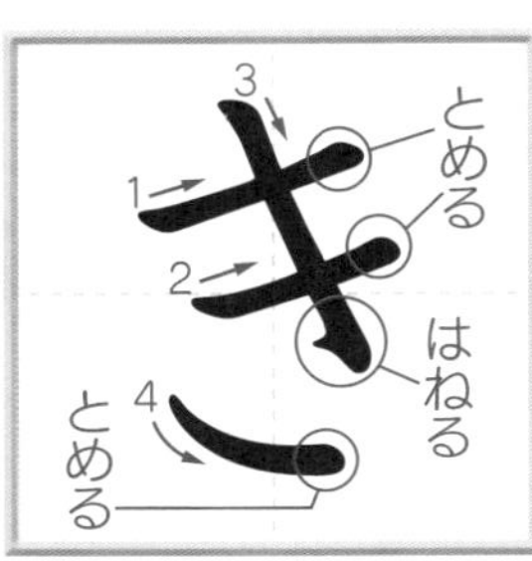
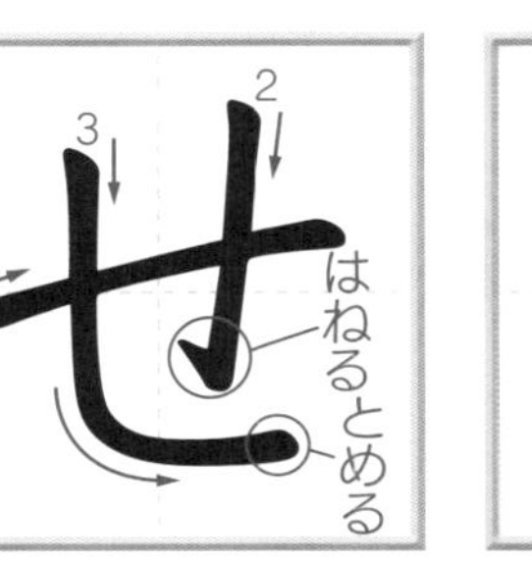
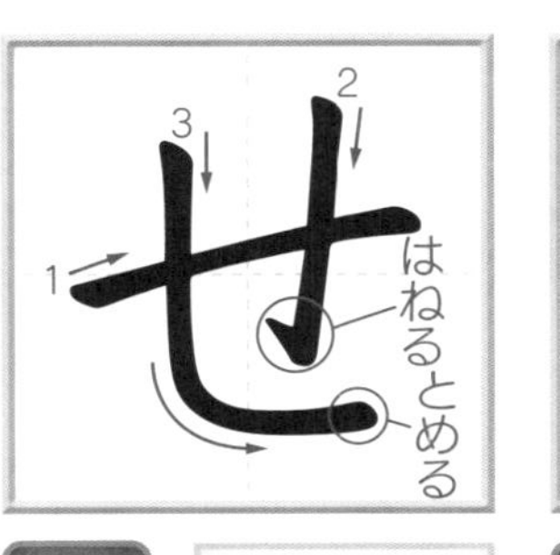

1 えを みて、□に あう じを かきましょう。

①
（せみ）□□

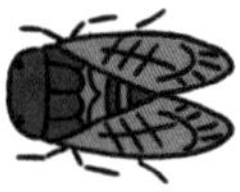

②
（もみじ）□□じ

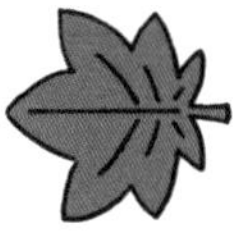

③
（もも）□□

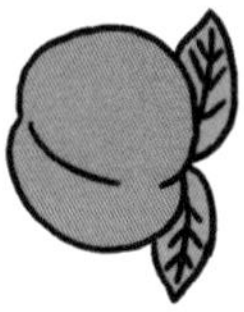

④
（さかな）□かな

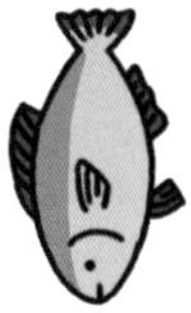

⑤
（きく）□□

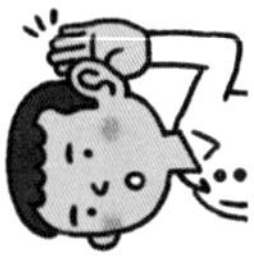

⑥
（せなか）□なか

⑦
（さめ）□□

⑧
（きりん）□□□

⑨
（きつね）□□□

⑩
（さかみち）□か□□

ドラゴンの ひみつ
ソーラライトは こまって いる にんげんを たすけて くれる。

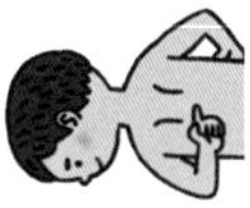

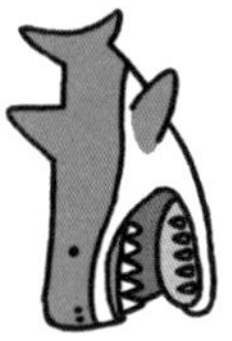

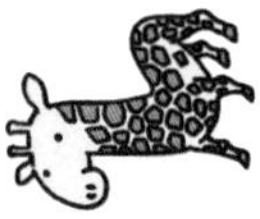

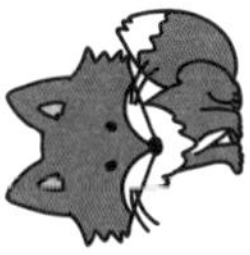

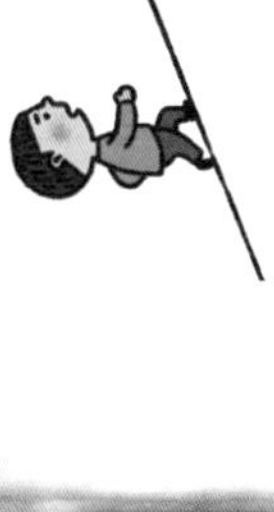

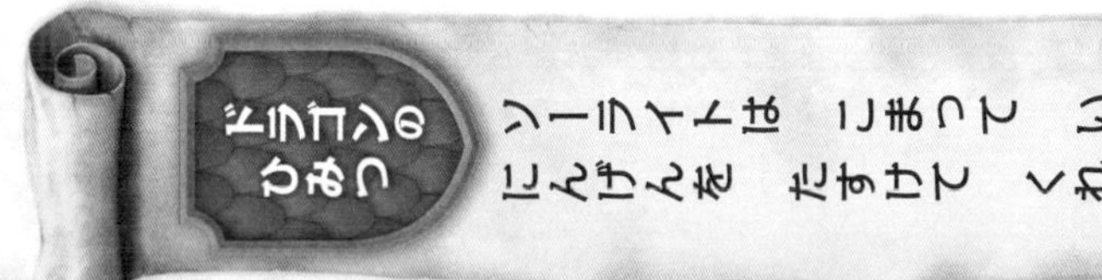

こたえあわせを したら ⑨の シールを はろう！

ひらがなを　かこう
あ・お・す・ま

がつ　にち

ゆびで　なぞりましょう。

うすい　じを　なぞってから　かきましょう。

あ

かきじゅん　一　ナ　あ

ことばを　よもう

あし
あり
あいさつ

お

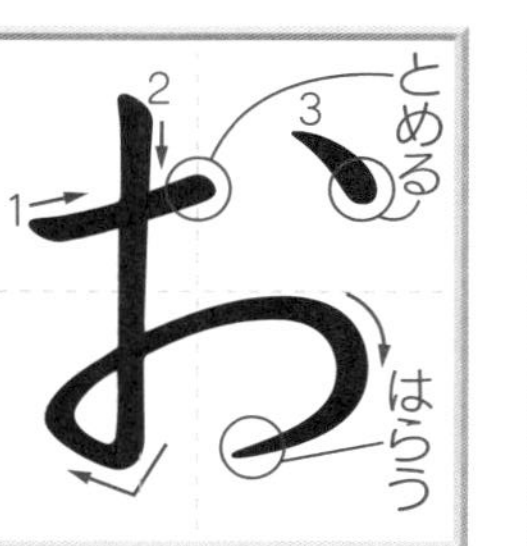

かきじゅん　一　お　お

ことばを　よもう

おに
おりがみ
おんどけい

す

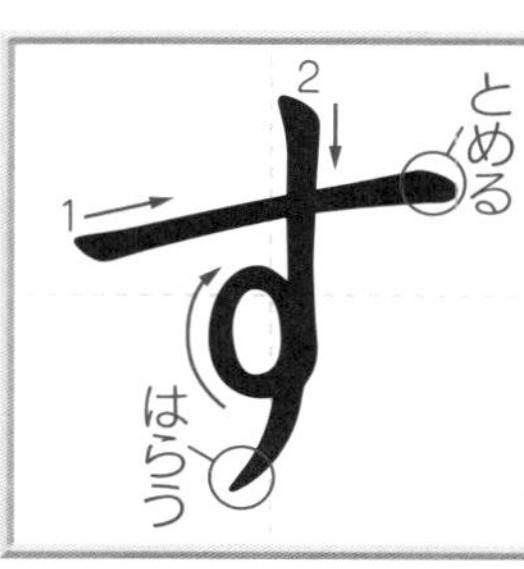

かきじゅん　一　す

ことばを　よもう

すし
すいか
すみれ

ま

かきじゅん　一　＝　ま

ことばを　よもう

まど
まめ
まんげつ

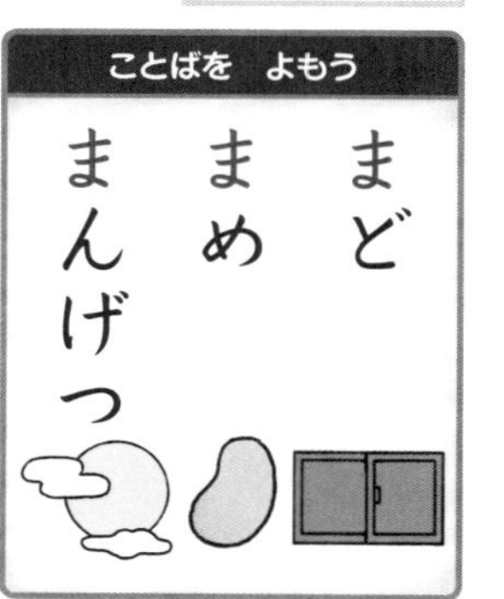

じの　かたちに
ちゅういして
かこう。

1 えを みて、□に あう じを かきましょう。

① まど（ど）

② おわん

③ まめ

④ すいか（か）

⑤ あし

⑥ あたま

⑦ おに

⑧ すみれ

⑨ あいさつ

⑩ おんどけい（ど）

ドラゴンの ひみつ
ソーライトが はやく とぶとき、つばさが あかるく ひかる。

こたえあわせを したら ⑩の シールを はろう！

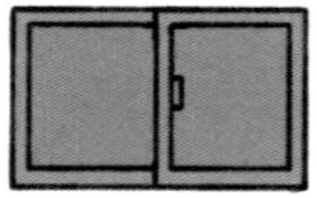

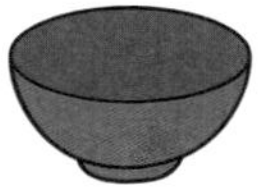

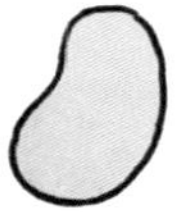

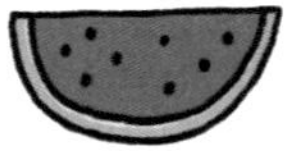

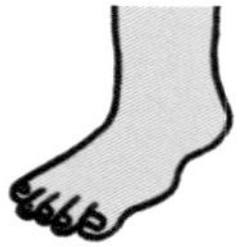

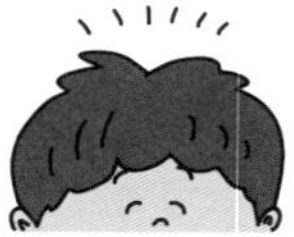

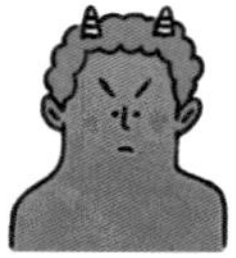

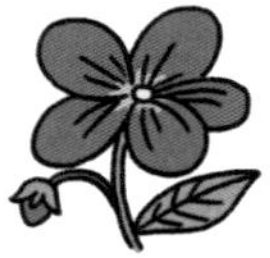

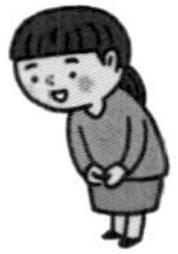

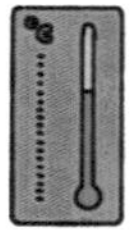

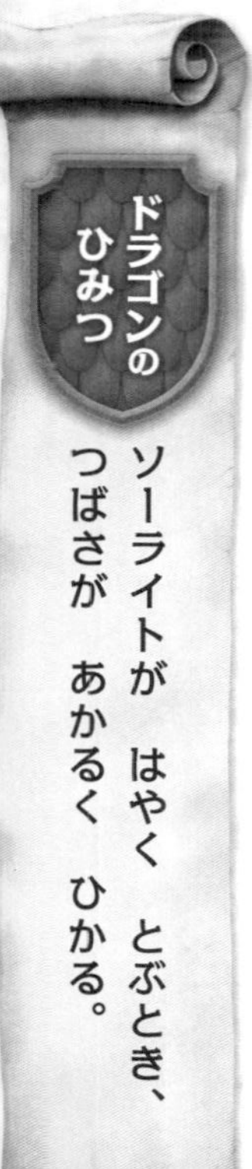

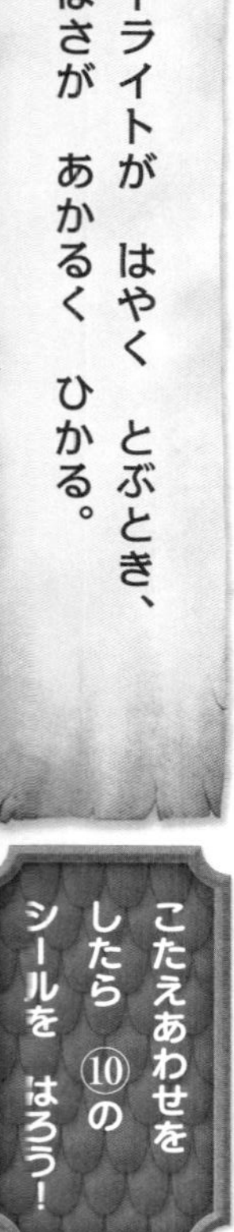

11 ひらがなを　かこう
よ・か・や・ゆ

がつ　にち

ゆびで　なぞりましょう。

うすい　じを　なぞってから　かきましょう。

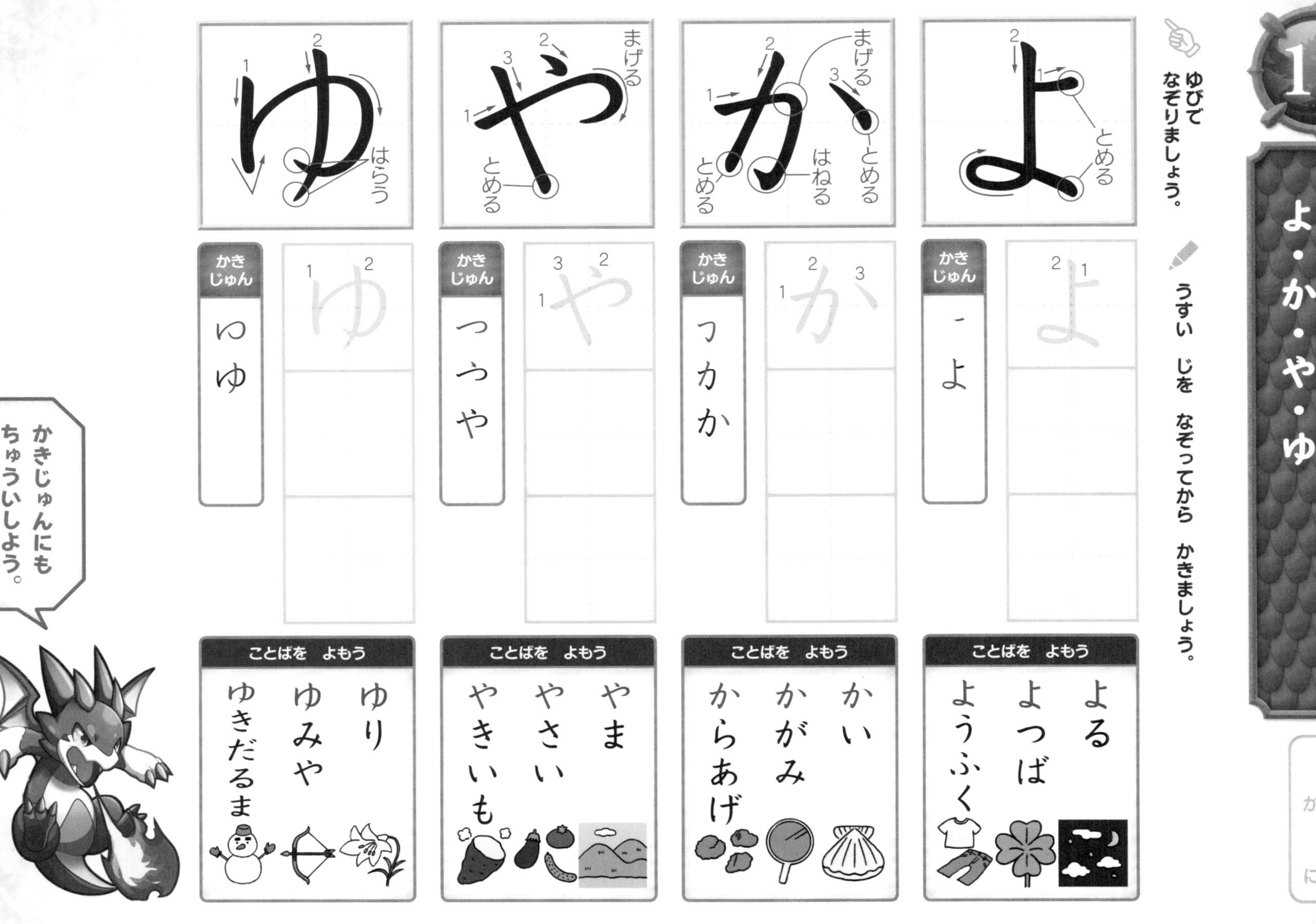

えを　みて、□に　あう　じを　かきましょう。

①					よる
②	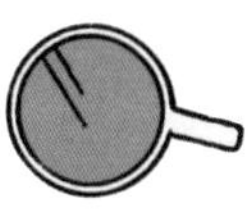	が			かがみ
③					かい
④					ゆみや
⑤					やま
⑥			ば		よつば
⑦					ゆり
⑧					やさい
⑨				げ	からあげ
⑩			だ		

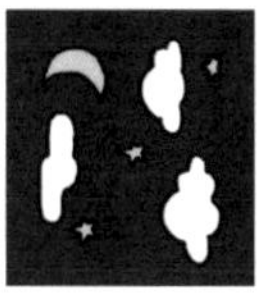

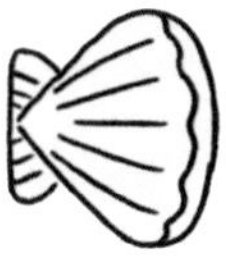

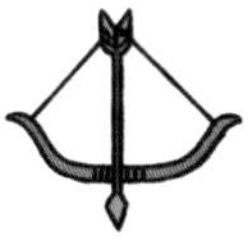

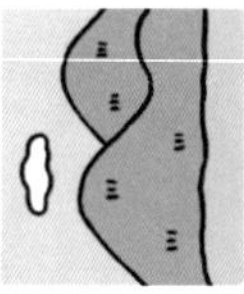

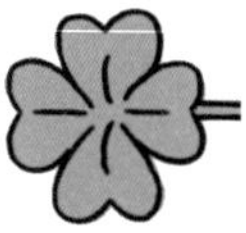

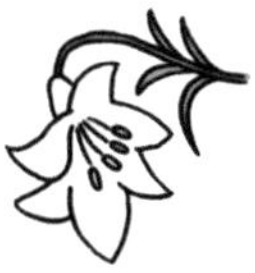

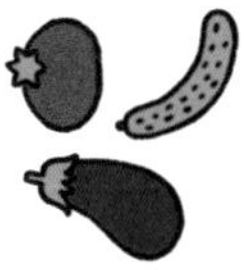

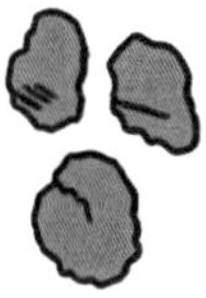

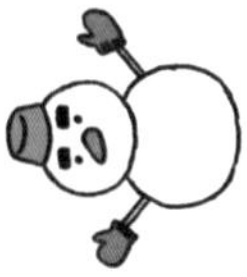

（⑩ ゆきだるま）

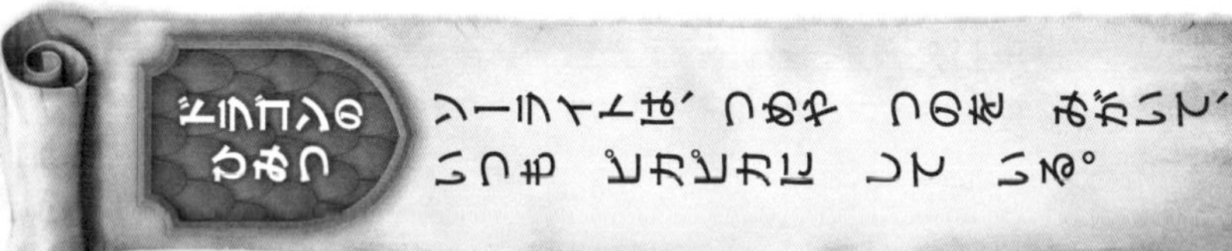

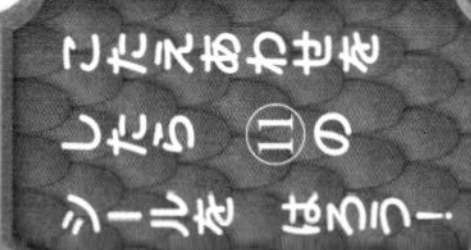

12 ひらがなを かこう な・む・ふ・を

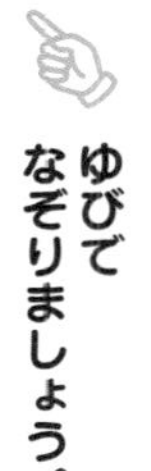

ゆびで なぞりましょう。

うすい じを なぞってから かきましょう。

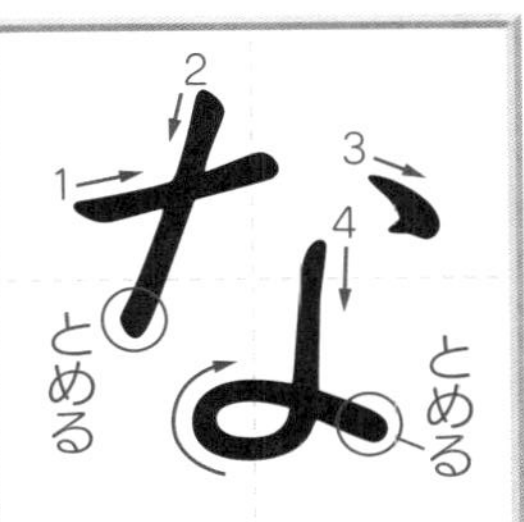

かきじゅん　一　ナ　ナ　な

ことばを よもう

なし
なべ
なみだ

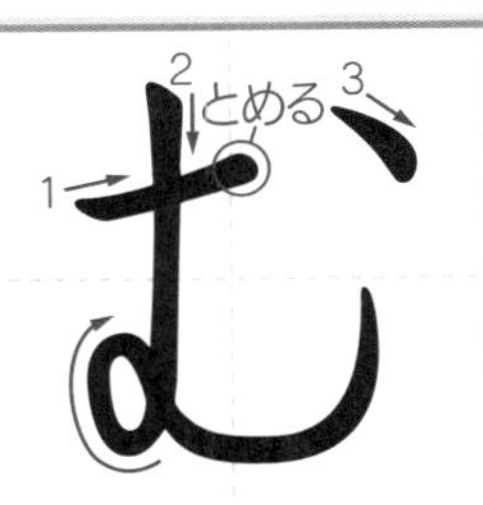

かきじゅん　一　む　む

ことばを よもう

むら
むかで
むしめがね

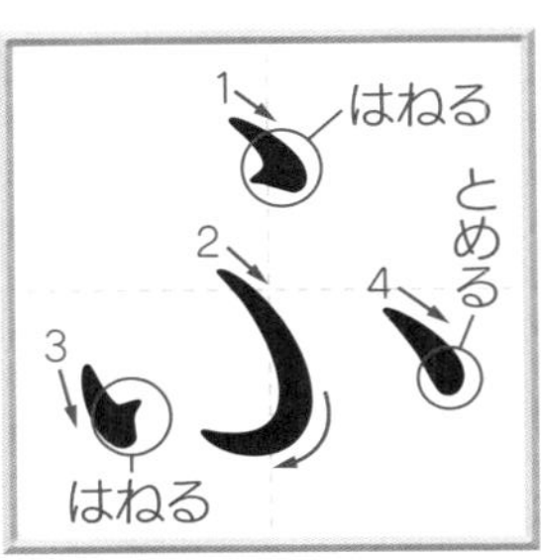

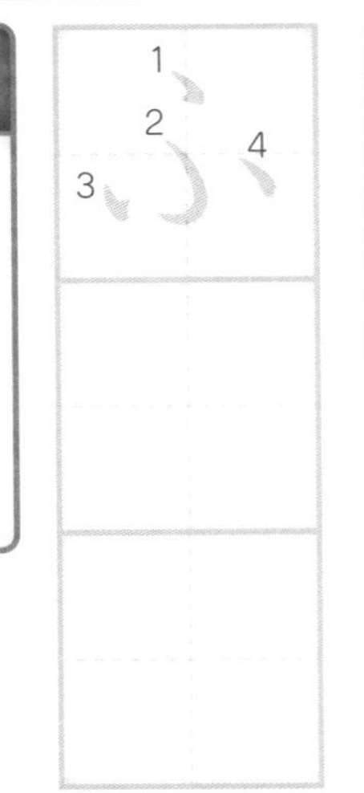

かきじゅん　丶　ふ　ふ　ふ

ことばを よもう

ふね
ふくろ
ふとん

かきじゅん　一　ち　を

ことばを よもう

じを かく。
ほんを よむ。

がつ　にち

えを みて、□に あう じを かきましょう。

①  なべ（べ）

②  むかで（で）

③  ふね

④  ふとん

⑤  むら

⑥  なみだ（だ）

⑦  なし

⑧  ふくろ

⑨  じを かく。（じ）

⑩  ほんを よむ。

ドラゴンのひみつ

ソーライトは、くちに ひかりの エネルギーを あつめて、ビームを はっしゃする。

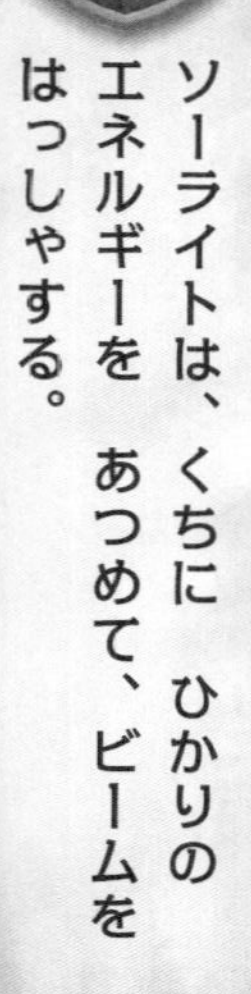

こたえあわせを したら ⑫の シールを はろう！

13 「゛」の つく ひらがな①
が・ぎ・ぐ・げ・ご　ざ・じ・ず・ぜ・ぞ

がつ　にち

こたえ 93ページ

1 「゛（てんてん）」の つく ひらがなを かきましょう。

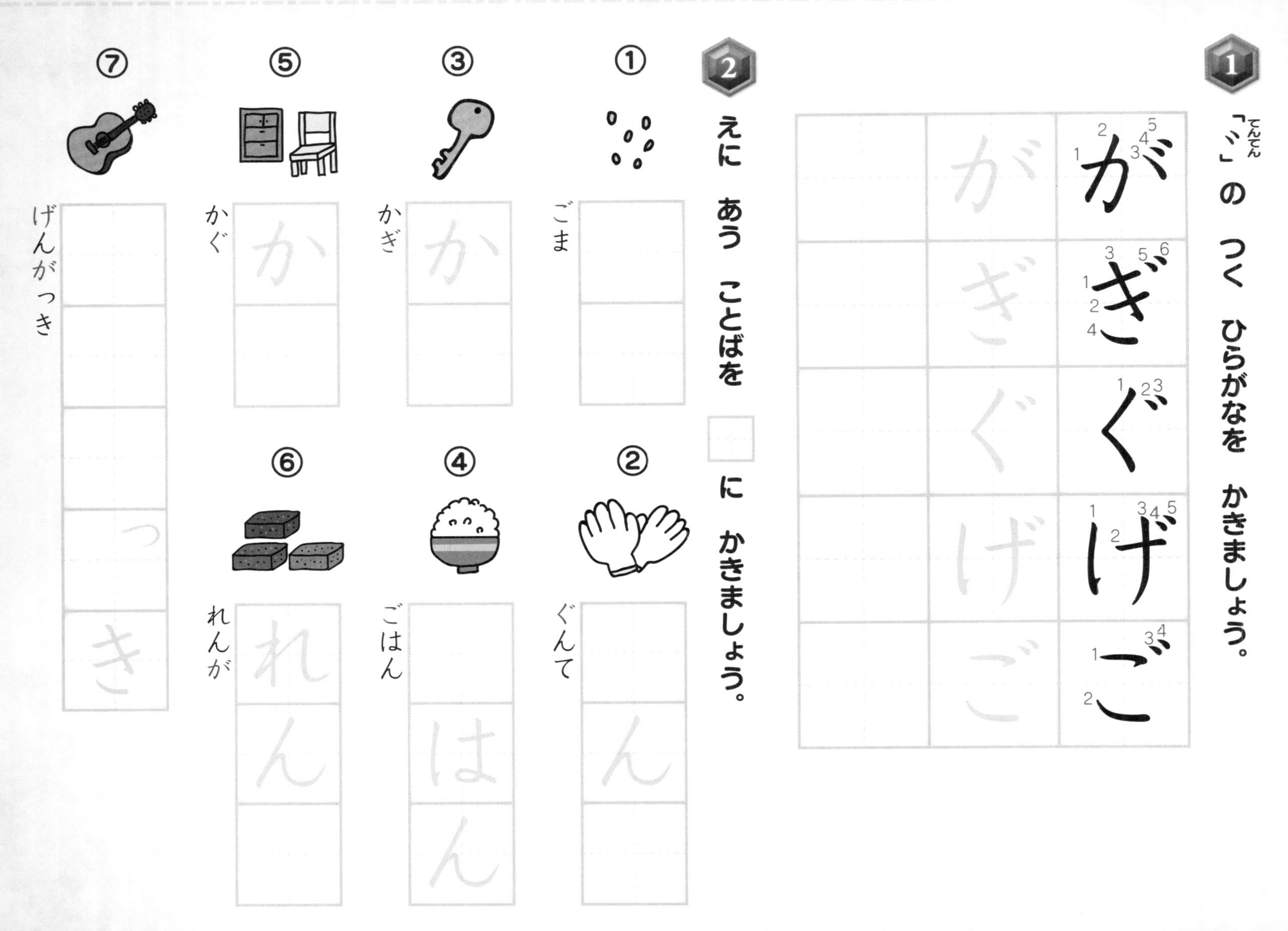

2 えに あう ことばを □ に かきましょう。

①　②　③　④　⑤　⑥　⑦

「゛(てんてん)」の つく ひらがなを かきましょう。

ざ	ざ	
じ	じ	
ず	ず	
ぜ	ぜ	
ぞ	ぞ	

4 えに あう ことばを □ に かきましょう。

① 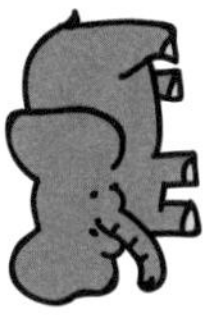 ぞう

② 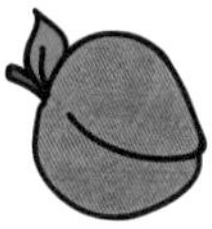 あんず

③ 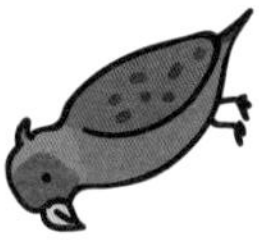 きじ

④ 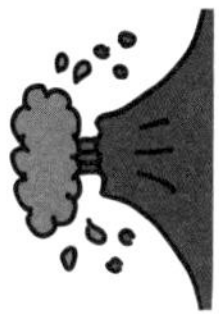 かざん

⑤ 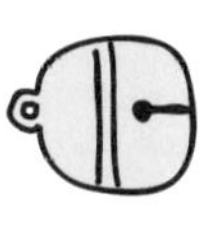 すず

⑥ 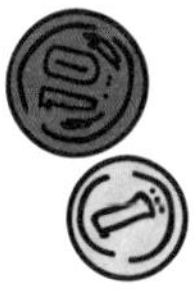 こぜに

⑦ 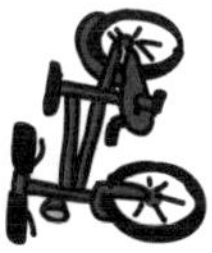 じてんしゃ

ゾンビウは、やさいや くだものが だいこうぶつだ。

こたえあわせを したら ⑬の シールを はろう！

14 「゛」の つく ひらがな②
だ・ぢ・づ・で・ど　ば・び・ぶ・べ・ぼ

がつ　にち

こたえ 93ページ

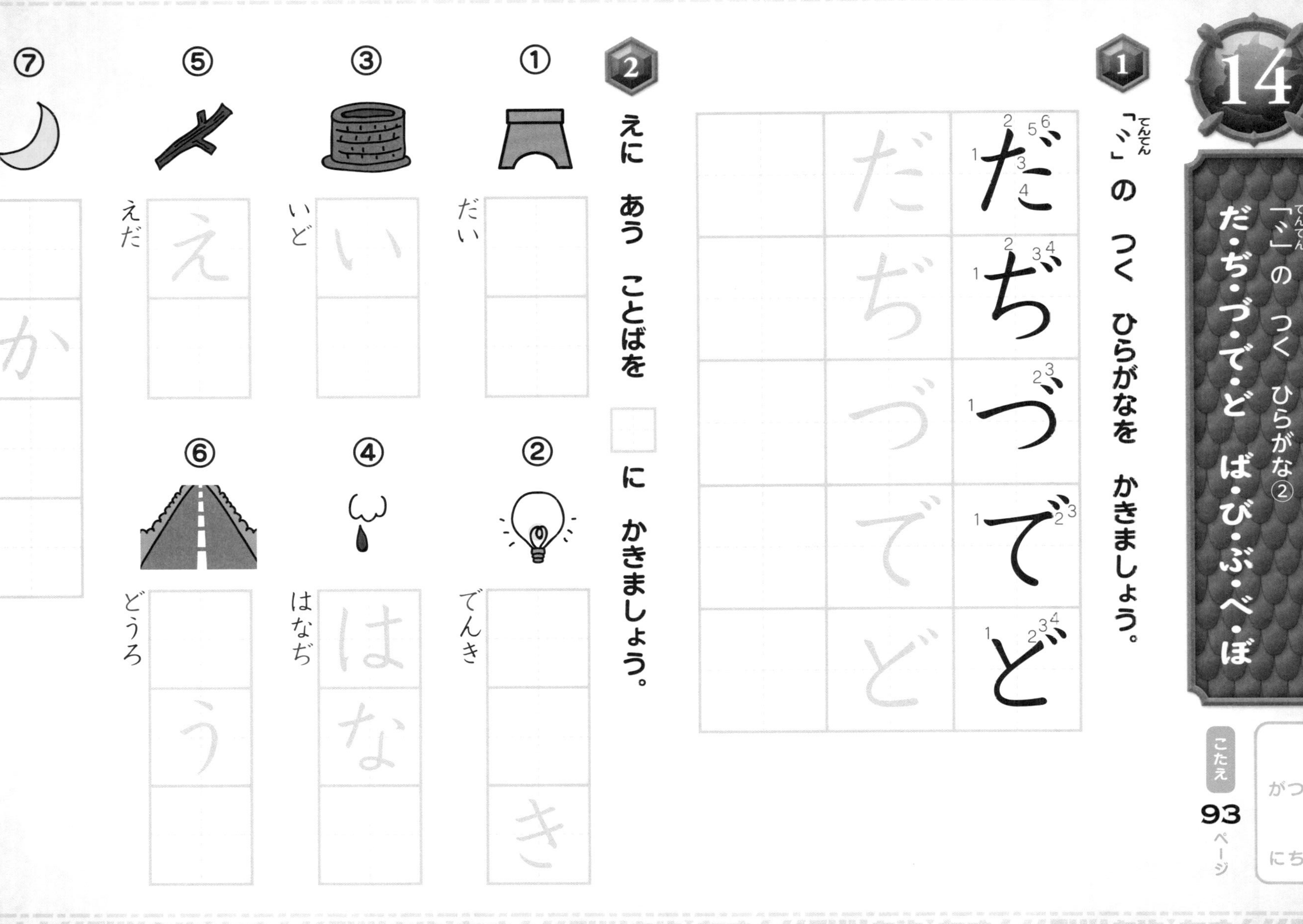

1 「゛」の つく ひらがなを かきましょう。

だ　ぢ　づ　で　ど

2 えに あう ことばを □ に かきましょう。

① だい
② でんき
③ いど
④ はなぢ
⑤ えだ
⑥ どうろ
⑦ みかづき

「゛(てんてん)」の　つく　ひらがなを　かきましょう。

4 えに　あう　ことばを　□　に　かきましょう。

① 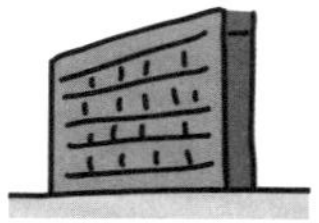 かべ

② 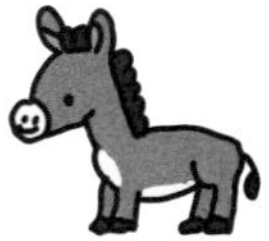 ろば

③ 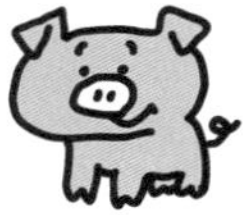 ぶた

④ 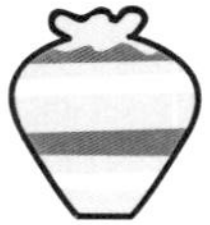 かびん

⑤ 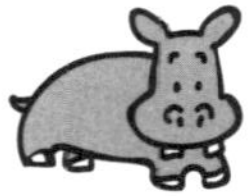 かば

⑥ 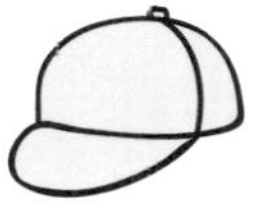 ぼうし

⑦ 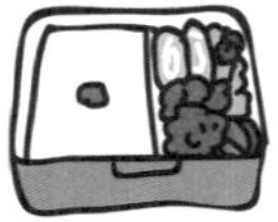 べんとう

デンボウは、いちど　ねむると
みっかは　おきない。

こたえあわせを
したら ⑭ の
シールを　はろう！

15 「゜（まる）」の つく ひらがな ぱ・ぴ・ぷ・ぺ・ぽ

がつ　にち

こたえ 93ページ

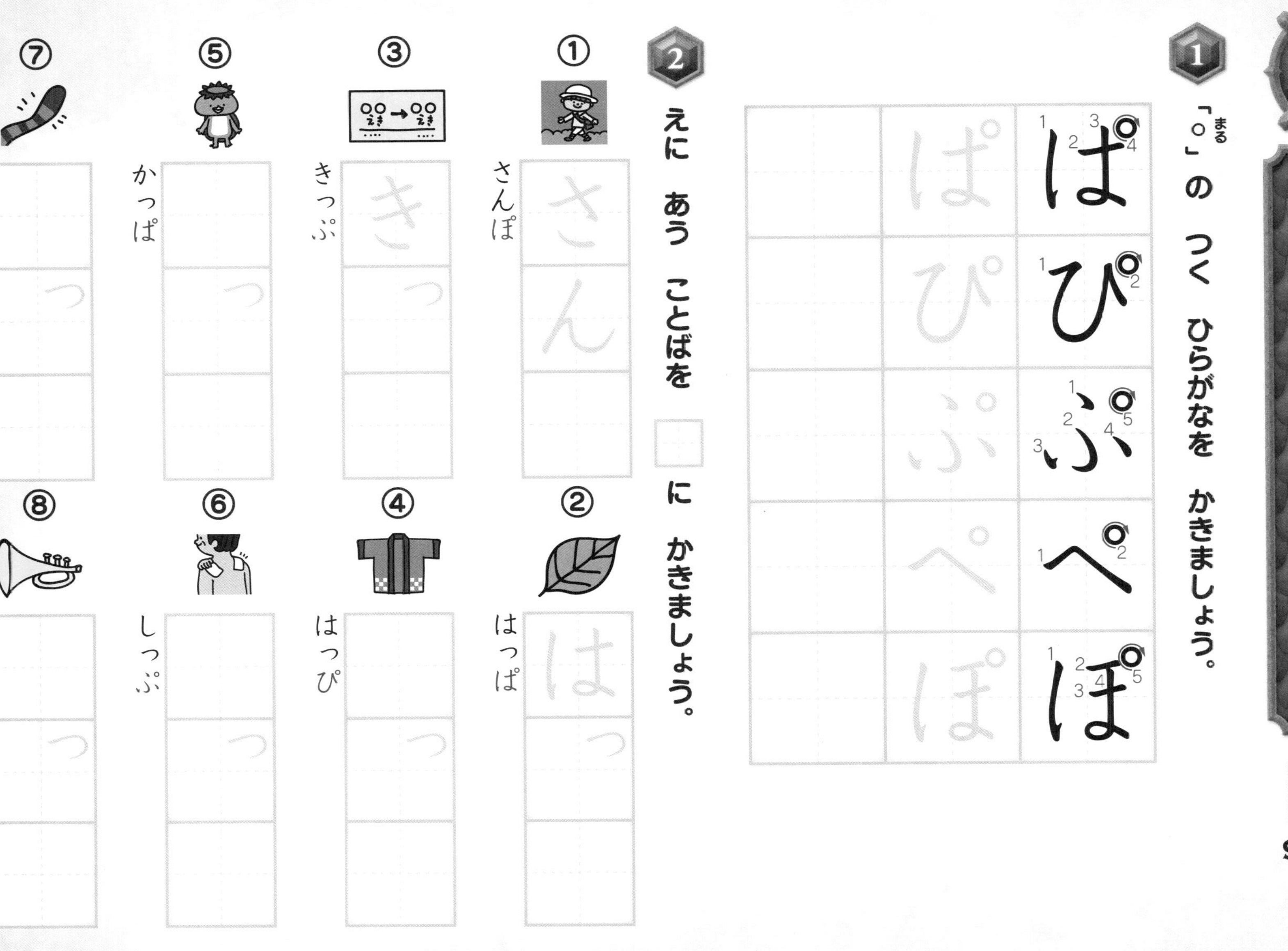

1 「゜（まる）」の つく ひらがなを かきましょう。

ぱ　ぴ　ぷ　ぺ　ぽ

2 えに あう ことばを □ に かきましょう。

① さんぽ
② はっぱ
③ きっぷ
④ はっぴ
⑤ かっぱ
⑥ しっぷ
⑦ しっぽ
⑧ らっぱ

「○（まる）」を　ただしく　つけて、えに　あう　ことばに　しましょう。

①  はらっは →

②  ゆたんほ →

③ 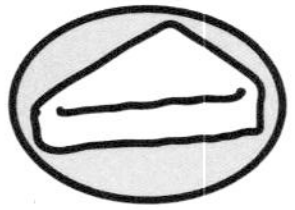 はんへん →

④  たんほほ →

⑤  えんひつ →

⑥  てっはんやき →

「はひふへほ」の
どれかに、
「○」が　つくよ。

ドラゴンの
ひみつ

デンボウは、ふだんは　やさしいが、しょくじを　じゃまするど　とても　おこる。

こたえあわせを
したら ⑮ の
シールを　はろう！

16 ひらがなの のばす おん

がつ　にち

こたえ 93ページ

1 のばす おんの ある ことばを よみましょう。

① あ
- おかあさん
- おばあさん

② い
- おにいさん
- おじいさん

③ う
- ふうりん
- すうじ

④ え
- おねえさん
- せんせい

⑤ お
- ほうき
- おおかみ

のばす おんの ある ことばを なぞりましょう。

① 

②  

③ 

④ 

のばす おんの かきかたが ただしい ほうを、▭で かこみましょう。

① 

② 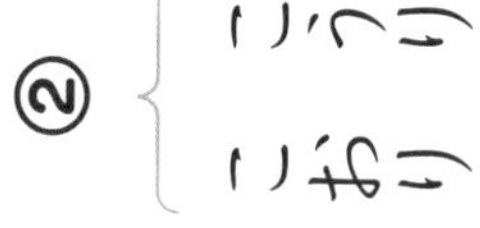

③ 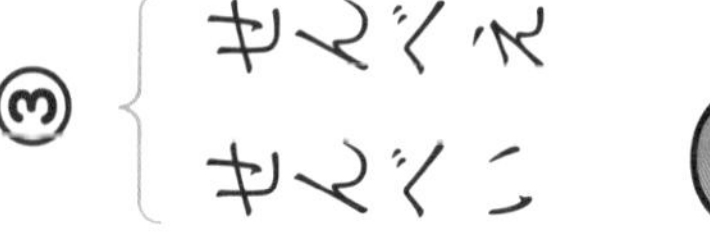

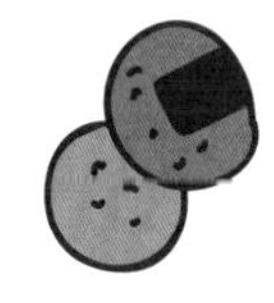

④ 

⑤ 

⑥ 

デンボウは、どうぶつや とりと なかよしで、まいにち いっしょに あそぶ。

こたえあわせを したら ⑯の シールを はろう！

ちいさい「ゃ・ゅ・ょ・っ」の つく ことば

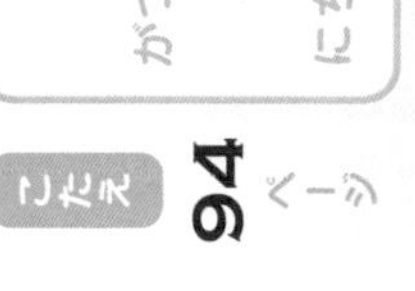

こたえ 94ページ

1 うすい じを なぞってから かきましょう。ちいさい「ゃ・ゅ・ょ・っ」は、□ の みぎうえに かきます。

ことばを よもう
こうちゃ
じてんしゃ

ことばを よもう
きゅうり
ちゅうしゃ

ことばを よもう
しょうゆ
りょこう

ことばを よもう
しっぽ
ねっこ

2 ちいさい「ゃ・ゅ・ょ」が つく じを よみましょう。

きゃ	きゅ	きょ	しゃ	しゅ	しょ
ちゃ	ちゅ	ちょ	にゃ	にゅ	にょ
ひゃ	ひゅ	ひょ	みゃ	みゅ	みょ
りゃ	りゅ	りょ			
ぎゃ	ぎゅ	ぎょ	じゃ	じゅ	じょ
ぢゃ	ぢゅ	ぢょ	びゃ	びゅ	びょ
ぴゃ	ぴゅ	ぴょ			

3 えに　あう　ことばを □ に　かきましょう。

① 
きって
（き）（ ）（て）

② 
ひょう
（ひ）（ ）（ ）

③ 
きしゃ
（ ）（し）（ ）

④ 
はっぱ
（ ）（ ）（ぱ）

⑤ 
しっぽ

⑥ 
ばった

⑦ 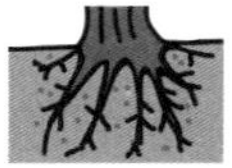
ねっこ

⑧ 
いしゃ

⑨ 
きゅうり

⑩ 
ろっぴゃくえん
（ ）（ ）（ ）（ ）（ ）（え）（ ）

ドラゴンの ひみつ
デンボウは、どんなに　はげしい　こうげきを　うけても　へいきだ。

こたえあわせを　したら　⑰の　シールを　はろう！

18 まちがえやすい　ひらがな

がつ　にち

こたえ 94ページ

1 えに　あう　ほうの　ことばを、〔　〕で　かこみましょう。

① いめ ／ いぬ

② ねこ ／ れこ

③ つくし ／ てくし

④ うさき ／ うさぎ

⑤ らっぱ ／ らつぱ

⑥ ろうそく ／ るうそく

⑦ ぽうし ／ ぼうし

⑧ むし ／ なし

⑨ ちよう ／ ちょう

⑩ わりばし ／ ねりばし

② ただしい　ことばに　かきなおしましょう。

① 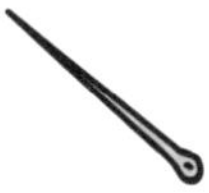 はい →

② 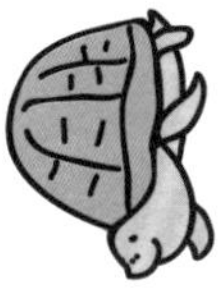 かぬ →

③ 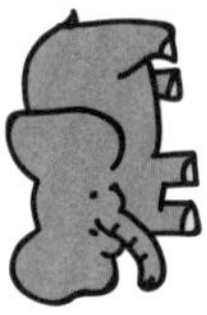 そう →

④ 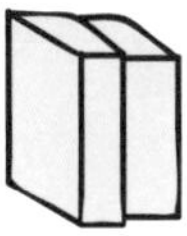 ほこ →

⑤ 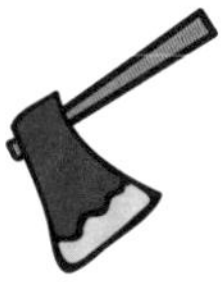 おめ →

⑥ 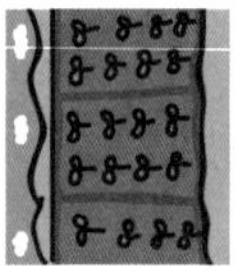 はたけ →

⑦ 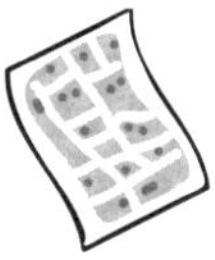 ちす →

⑧ 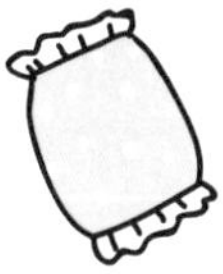 よくら →

⑨ 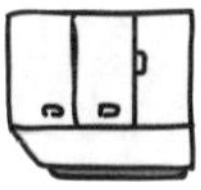 れいぞこ →

⑩ 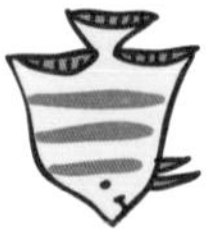 ねつたいぎよ →

ドラゴンの　ひみつ

デンボウは、くちから　ふしぎな　でんぱを　だして、あいてを　ねむらせる。

こたえあわせを　したら　⑱の　シールを　はろう！

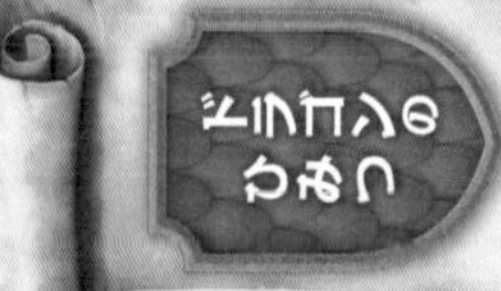

19 まとめテスト①

がつ　にち

こたえ 94ページ

1 えに　あう　ことばを □ に　かきましょう。

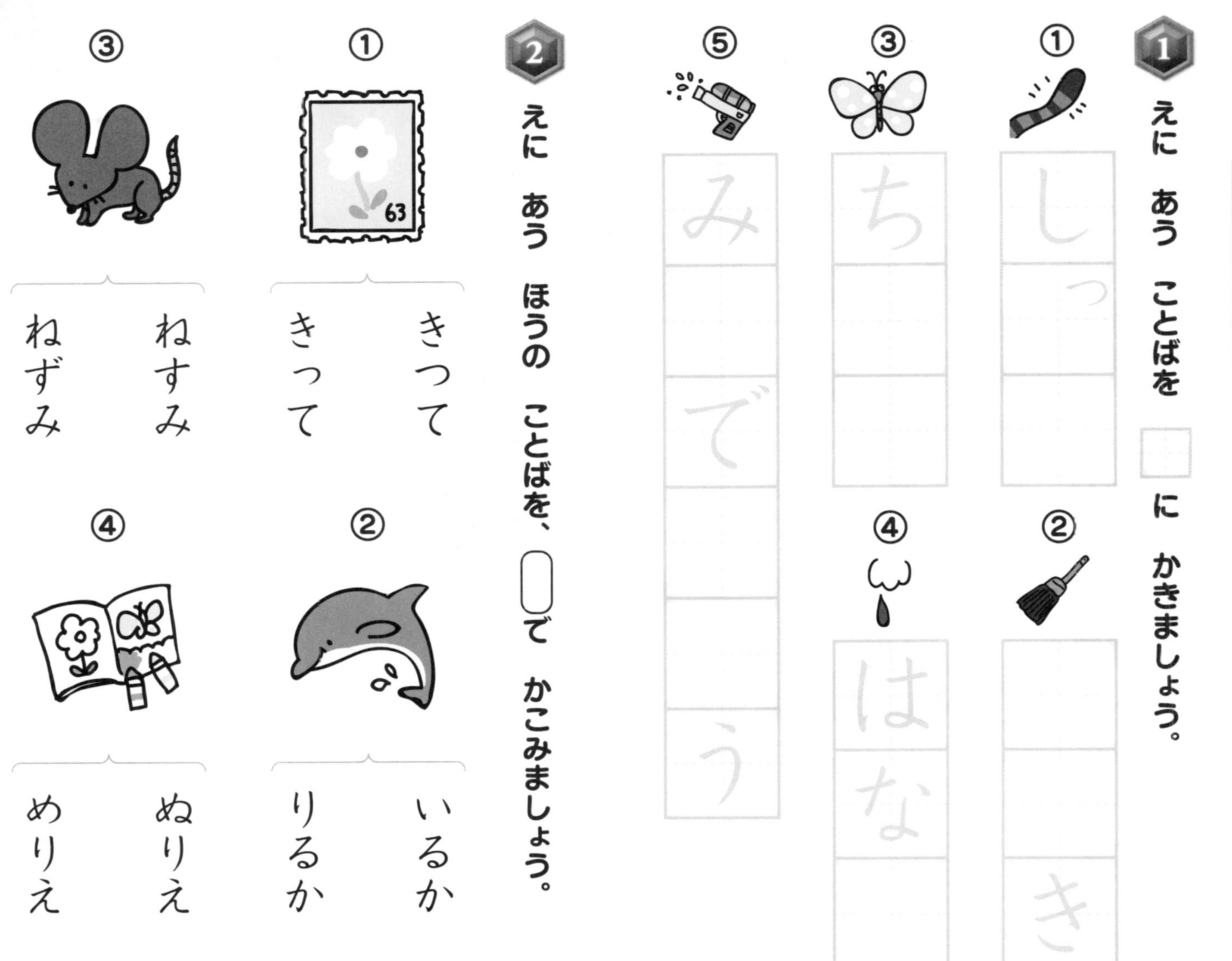

2 えに　あう　ほうの　ことばを、（　）で　かこみましょう。

① きつて／きって

② いるか／りるか

③ ねすみ／ねずみ

④ ぬりえ／めりえ

③ ほうせきの　いろと　おなじ　ことばを　――せんで　つなぎましょう。

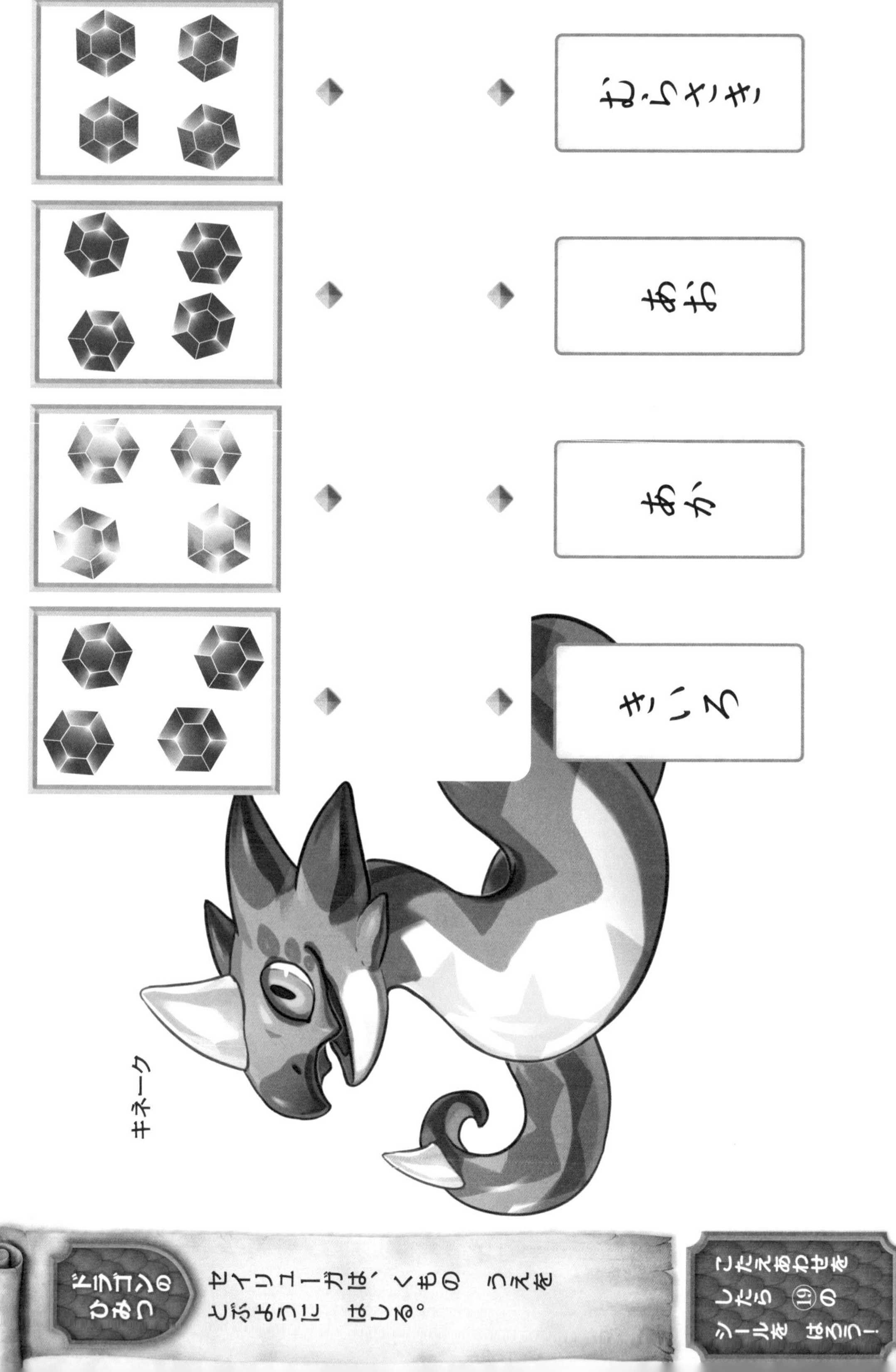

ドラゴンの ひみつ

セイリューガは、くもの　うえを　とぶように　はしる。

こたえあわせを　したら　⑲の　シールを　はろう！

かたかなを　よもう①

「アイウエオ」、「カキクケコ」が　つく　ことばを　よみましょう。

ア
アイロン
コアラ

イ
インク
イラスト

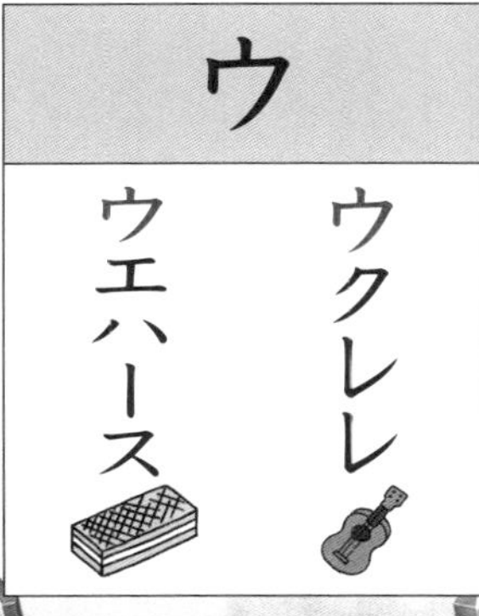

ウ
ウクレレ
ウエハース

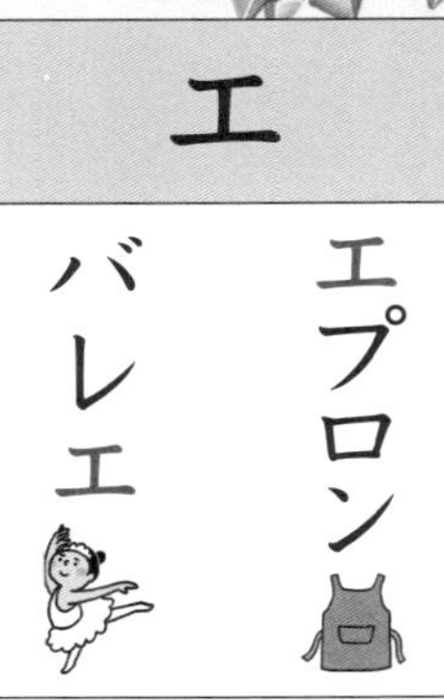

エ
エプロン
バレエ

オ
オイル
オルゴール

カ
カード
カメラ

キ
キウイ
キック

ク
クイズ
クレヨン

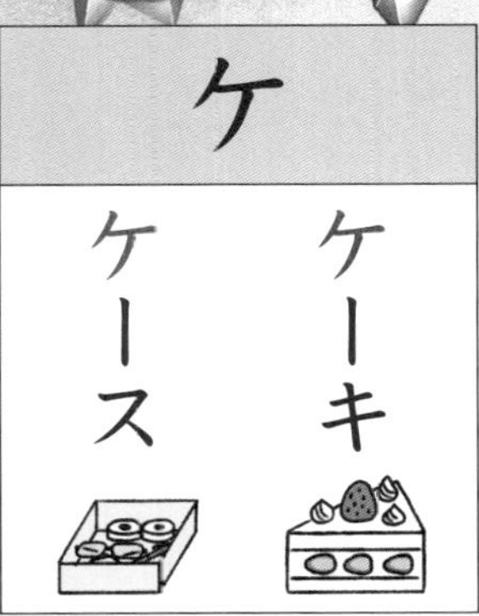

ケ
ケーキ
ケース

コ
ココア
コップ

「サシスセソ」、「タチツテト」が　つく　ことばを　よみましょう。

かたかなを　よもう②

「ナニヌネノ」、「ハヒフヘホ」が　つく　ことばを　よみましょう。

ナ

ナイフ

バナナ

ニ

ニュース

テニス

ヌ

ヌードル

カヌー

ネ

ネット

ネクタイ

ノ

ノート

ピアノ

ハ

ハート

ハープ

ヒ

ヒント

コーヒー

フ

フード

フライパン

ヘ

ヘアピン

ヘルメット

ホ

ホース

ホットケーキ

「マミムメモ」、「ヤユヨ」が つく ことばを よみましょう。

マ

マスク
マカロン

ミ

ミシン
ミルク

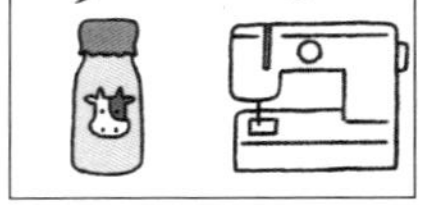

ム

ジャム
アルバム

メ

メダル
メロン

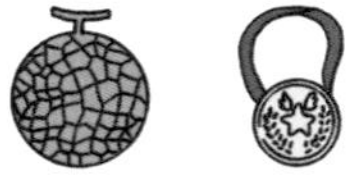

モ

モップ
モデル

ヤ

タイヤ
ダイヤ

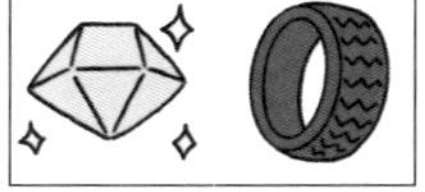

ユ

ユーフォー
ユニホーム

ヨ

ヨット
ヨーグルト

「ラリルレロ」、「ワヲン」が つく ことばを よみましょう。

ラ

ライオン
ランドセル

リ

リレー
リコーダー

ル

ルーレット
プール

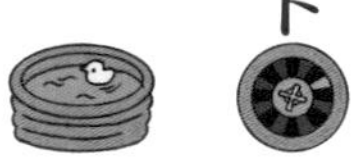

レ

レモン
レタス

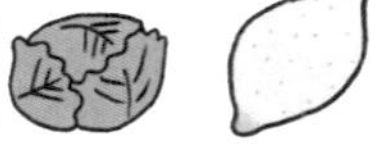

ロ

ロケット
ロボット

ワ

ワイン
ワンピース

ヲ

エヲ カク。
テヲ フル。

ン

パン
リボン

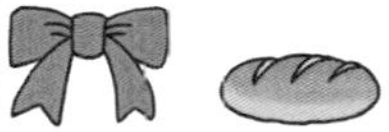

20

かたかなを かこう ア・イ・ウ・エ・オ

がつ　にち

ゆびで なぞりましょう。

うすい じを なぞってから かきましょう。

あ ア

かきじゅん　フ　ア

ことばを よもう

アイロン
コアラ
ドア

い イ

かきじゅん　ノ　イ

ことばを よもう

インク
イラスト
コイン

う ウ

かきじゅん　'　'' 　ウ

ことばを よもう

ウクレレ
ウインナー
ウエハース

え エ

かきじゅん　一　T　エ

ことばを よもう

エプロン
エレベーター
バレエ

お オ

かきじゅん　一　ナ　オ

ことばを よもう

オイル
オクラ
オルゴール

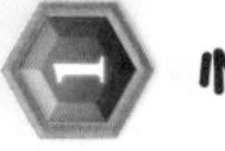

1 えを みて、□に あう じを かきましょう。

①
	ン	ク

インク（いんく）

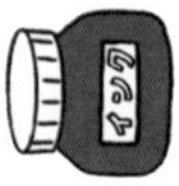

②
	ク	ラ

オクラ（おくら）

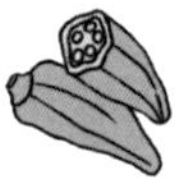

③
		ル

オイル（おいる）

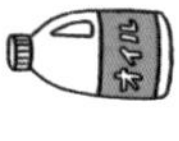

④
コ		ン

コイン（こいん）

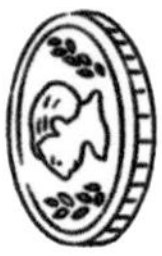

⑤
コ		ラ

コアラ（こあら）

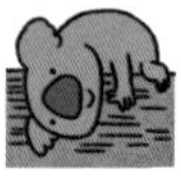

⑥
バ	レ	

バレエ（ばれえ）

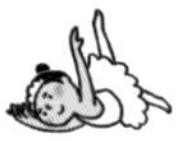

⑦
	プ	ロ	ン

エプロン（えぷろん）

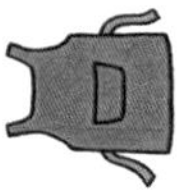

⑧
ド	

ドア（どあ）

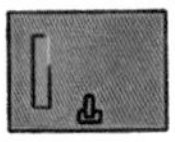

⑨
	ル	ゴ	ー	ル

オルゴール（おるごーる）

⑩
		ハ	ー	ス

ウエハース（うえはあす）

ひとつひとつ
ていねいに
かこう！

ドラゴンの ひみつ
セイリューガは、2じかんで ちきゅうを いっしゅうする ことが できる。

こたえあわせを したら ⑳の シールを はろう！

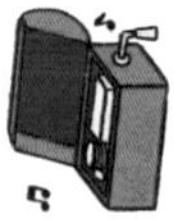

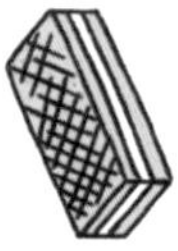

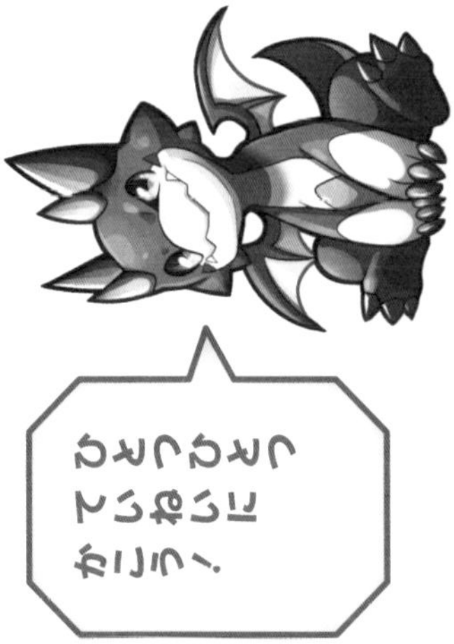

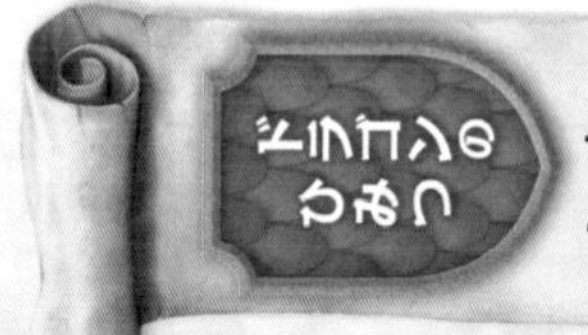

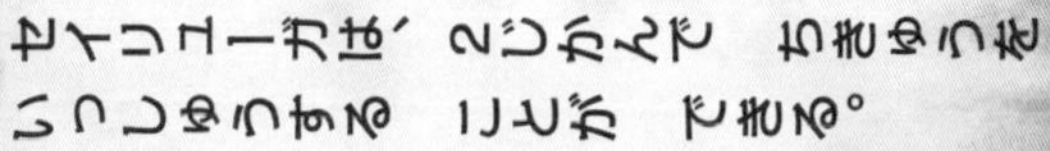

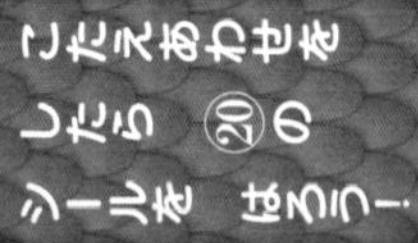

21 かたかなを　かこう
カ・キ・ク・ケ・コ

がつ　にち

ゆびで　なぞりましょう。

うすい　じを　なぞってから　かきましょう。

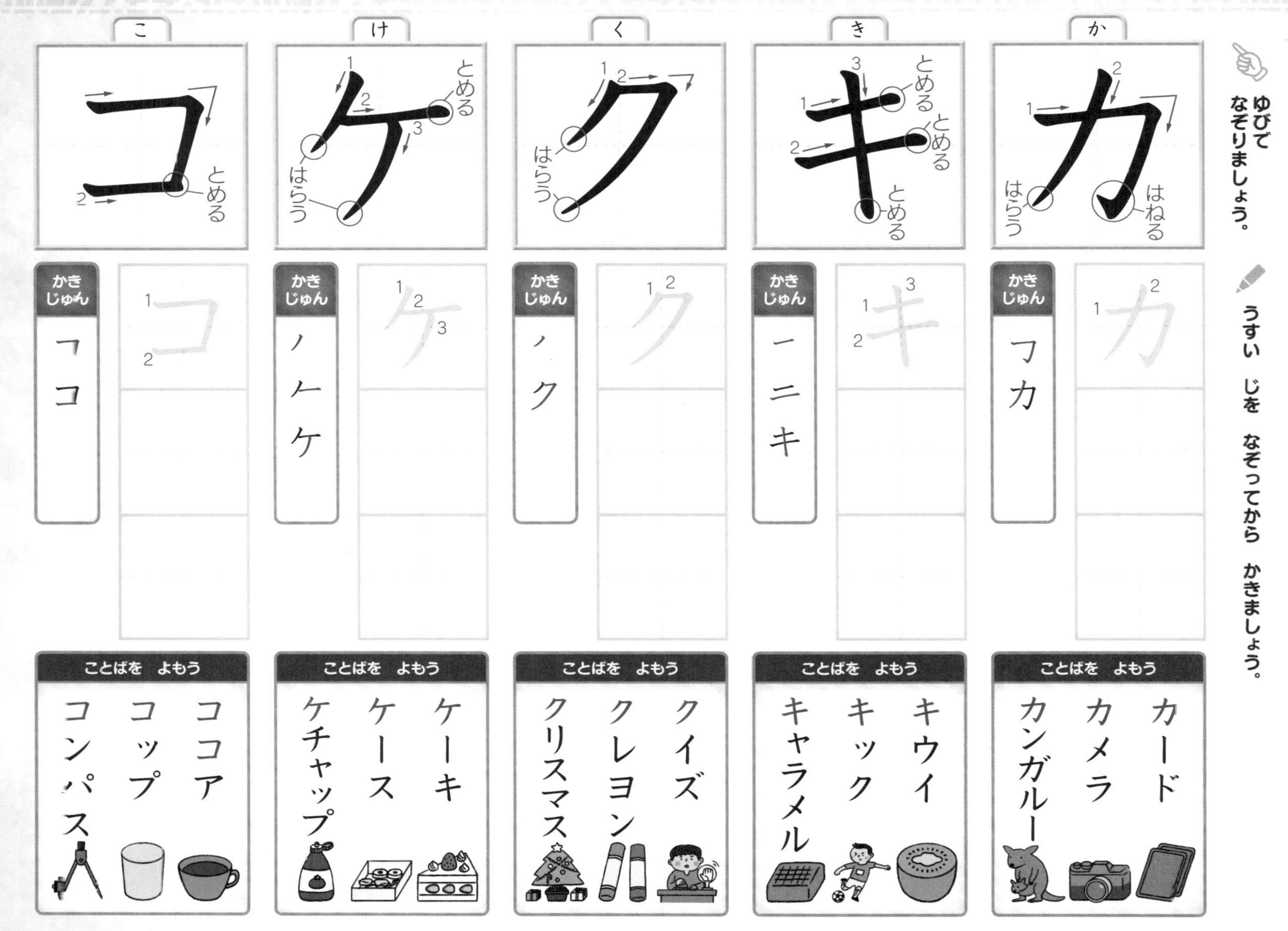

えを　みて、□に　あう　じを　かきましょう。

① □ー ド
カード（かあど）

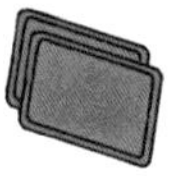

② □ッ プ
コップ（こっぷ）

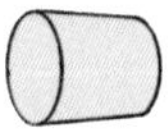

③ □ー ス
ケース（けえす）

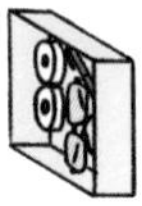

④ □□□ 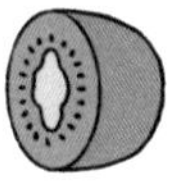
キウイ（きうい）

⑤ □メ ラ
カメラ（かめら）

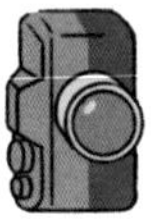

⑥ □ー□
ケーキ（けえき）

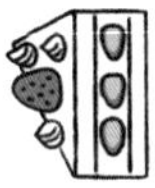

⑦ □□□ 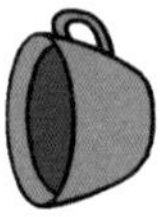
ココア（ここあ）

⑧ □ッ□
キック（きっく）

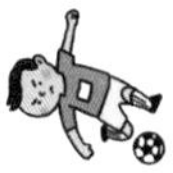

⑨ □リ ス マ ス
クリスマス（くりすます）

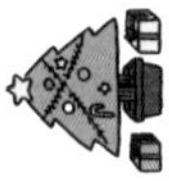

⑩ □ャ ラ メ ル
キャラメル（きゃらめる）

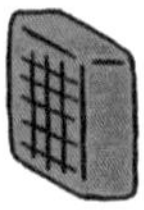

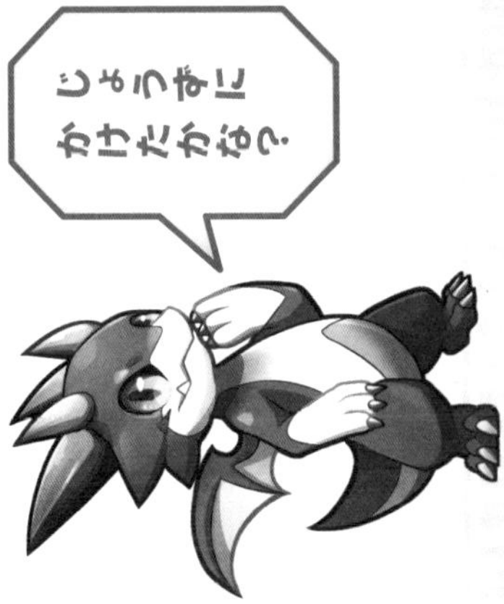

じょうずに
かけたかな？

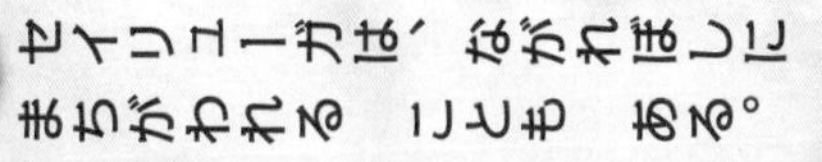
セイリューガは、ながれぼしに
まちがわれる　ことも　ある。

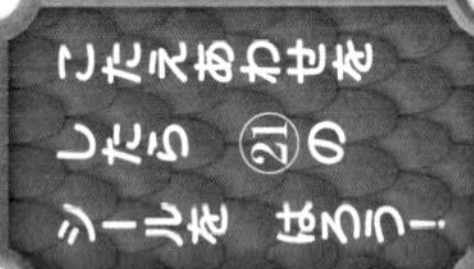

22 かたかなを　かこう　サ・シ・ス・セ・ソ

がつ　にち

ゆびで　なぞりましょう。

うすい　じを　なぞってから　かきましょう。

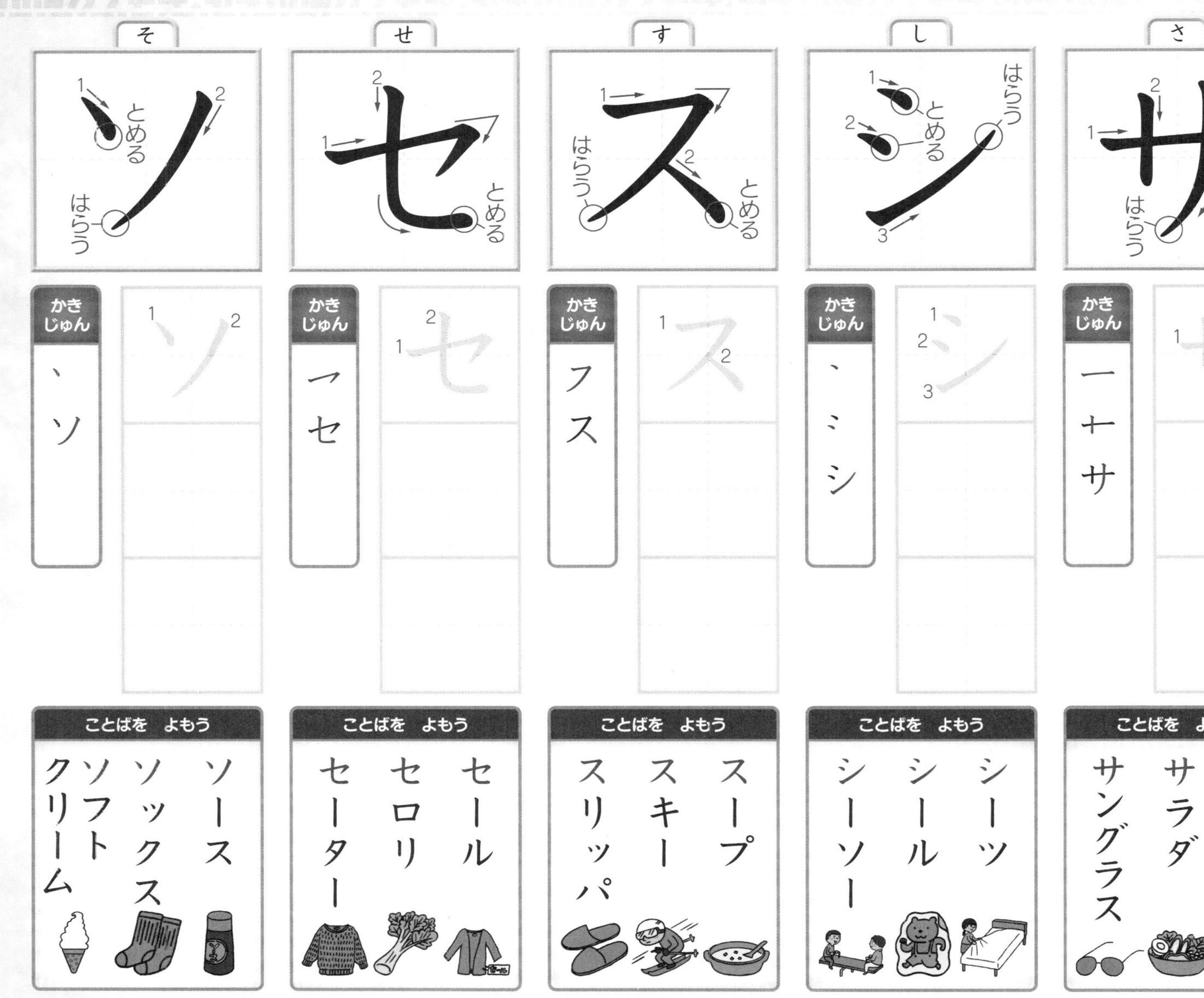

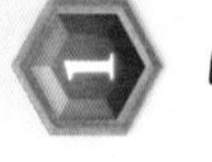

1 えを みて、□に あう じを かきましょう。

①
セロリ（せろり）
□ロリ

②
サイン（さいん）
□□ン

③
シーツ（しいつ）
□ーツ

④
スープ（すうぷ）
□ープ

⑤
スキー（すきい）
□□ー

⑥
シール（しいる）
□ール

⑦
ソース（そうす）
□ー□

⑧
サラダ（さらだ）
□ラダ

⑨
サングラス（さんぐらす）
□ングラ□

⑩
ソフトクリーム（そふとくりいむ）
□フト□リーム

ドラゴンの ひみつ
セイリューガは、てきの うしろに いっしゅんで まわりこみ、やいばで きりさく。

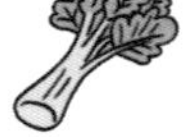

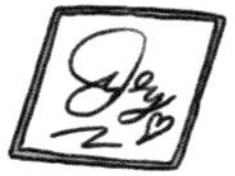

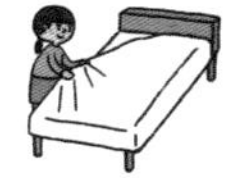

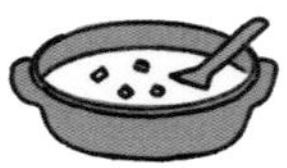

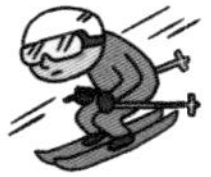

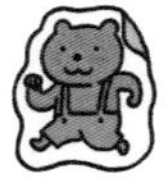

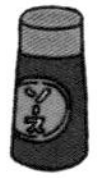

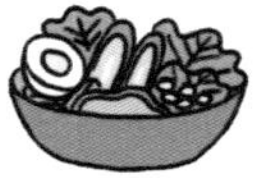

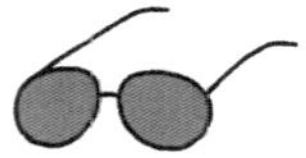

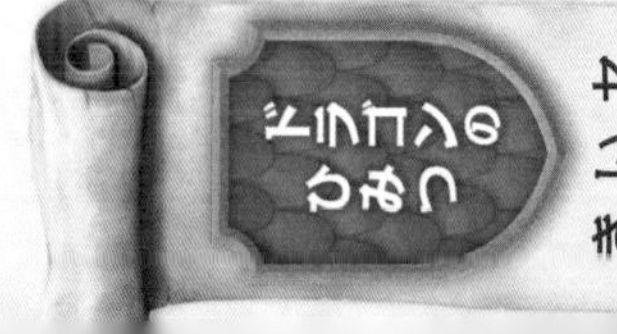

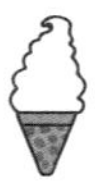

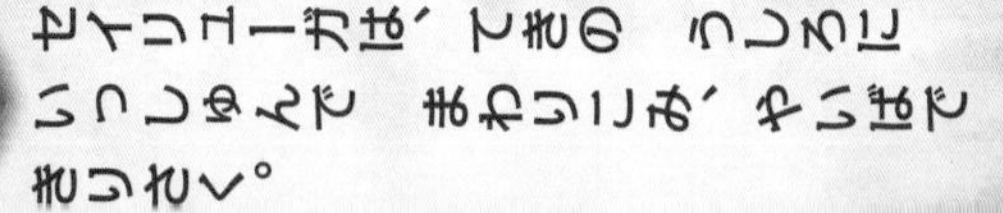

こたえあわせを したら ㉒の シールを はろう！

23 かたかなを かこう タ・チ・ツ・テ・ト

がつ にち

ゆびで なぞりましょう。

うすい じを なぞってから かきましょう。

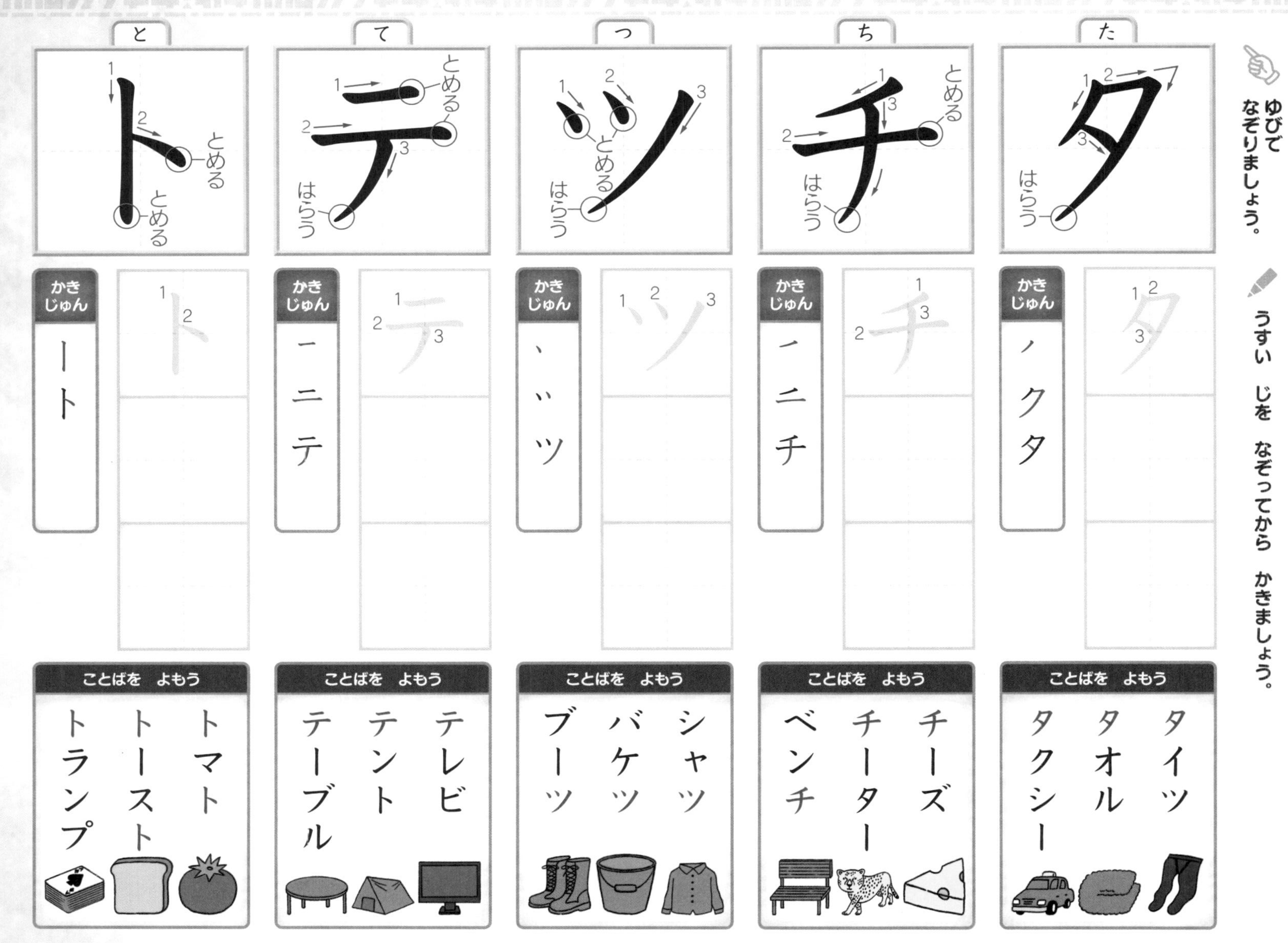

えを　みて、□に　あう　じを　かきましょう。

①  シャツ（しゃつ）　□ャ□

②  テレビ（てれび）　□レビ

③  ブーツ（ぶうつ）　ブー□

④  タオル（たおる）　□□ル

⑤  チーズ（ちいず）　□ーズ

⑥  トマト（とまと）　□マ□

⑦  テント（てんと）　□ン□

⑧  タイツ（たいつ）　□□□

⑨  トランプ（とらんぷ）　□ランプ

⑩  チーター（ちいたあ）　□ー□ー

「ツ」と「シ」は、じの
かたちが　にて　いるから
ちゅういしよう。

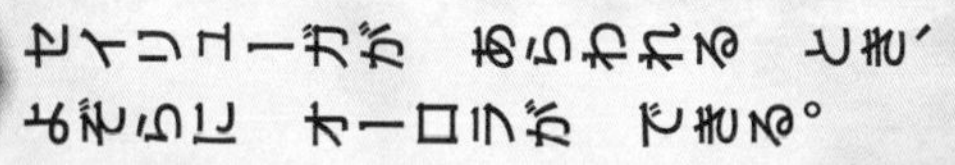

ドラゴンの
ひみつ

セイリューガが　あらわれる　とき、
よぞらに　オーロラが　できる。

こたえあわせを
したら ㉓ の
シールを　はろう！

24

かたかなを　かこう
ナ・ニ・ヌ・ネ・ノ

がつ　にち

ゆびで　なぞりましょう。

うすい　じを　なぞってから　かきましょう。

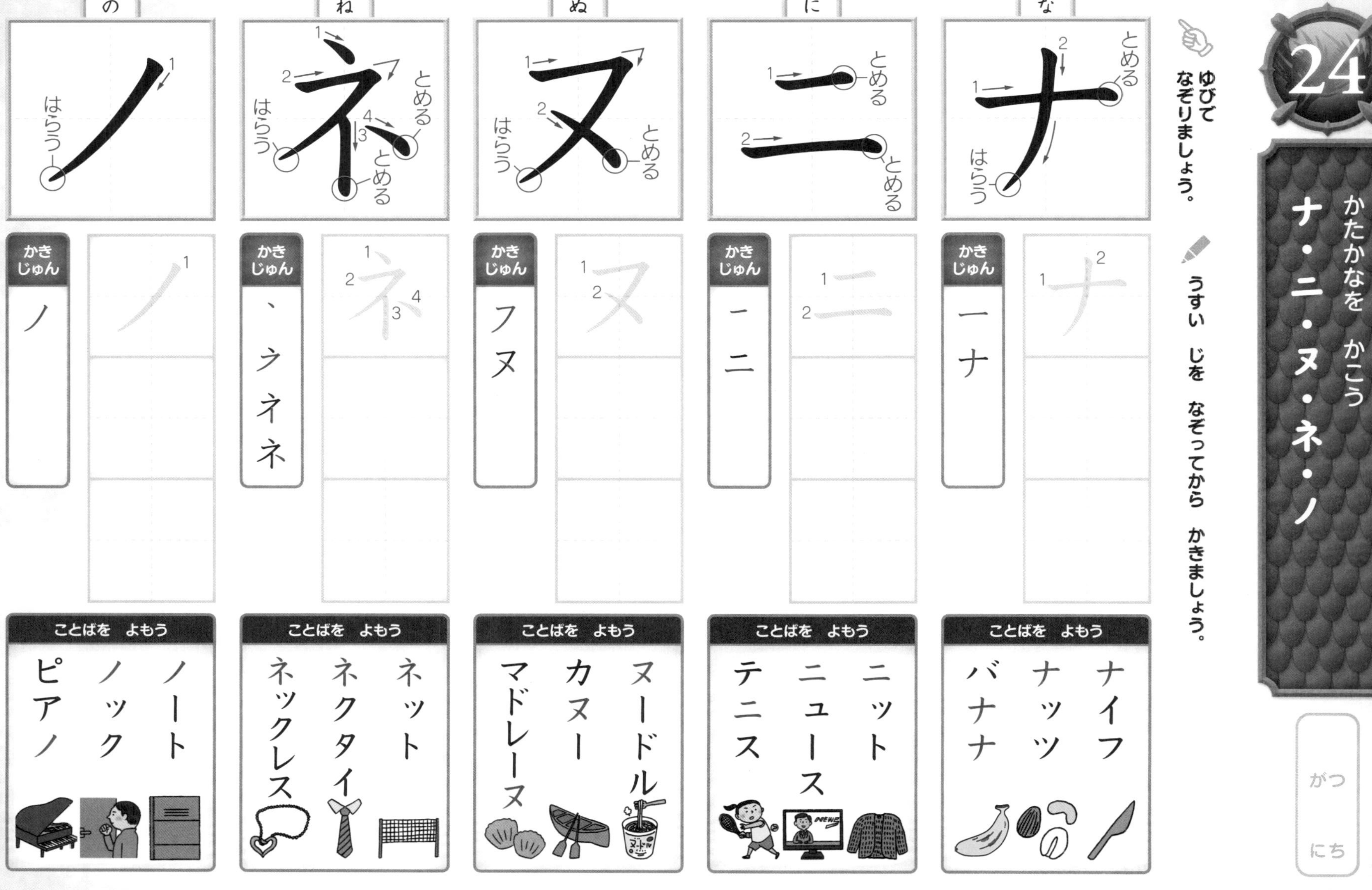

な
ナ　1　2　とめる　はらう

かきじゅん：一　ナ

ことばを　よもう
ナイフ
ナッツ
バナナ

に
ニ　1　2　とめる　とめる

かきじゅん：一　ニ

ことばを　よもう
ニット
ニュース
テニス

ぬ
ヌ　1　2　とめる　はらう

かきじゅん：フ　ヌ

ことばを　よもう
ヌードル
カヌー
マドレーヌ

ね
ネ　1　2　3　4　はらう　とめる　とめる

かきじゅん：、　ラ　ネ　ネ

ことばを　よもう
ネット
ネクタイ
ネックレス

の
ノ　1　はらう

かきじゅん：ノ

ことばを　よもう
ノート
ノック
ピアノ

えを みて、□に あう じを かきましょう。

① | | | フ |
|---|---|---|
ナイフ（ないふ）

② | | | ー |
|---|---|---|
カヌー（かぬう）

③ | ピ | | |
|---|---|---|
ピアノ（ぴあの）

④ | | ッ | |
|---|---|---|
ニット（につと）

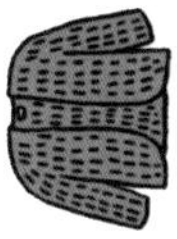

⑤ | | ッ | |
|---|---|---|
ナッツ（なつつ）

⑥ | | ッ | |
|---|---|---|
ノック（のつく）

⑦ | | ー | |
|---|---|---|
ノート（のうと）

⑧ | | ッ | |
|---|---|---|
ネット（ねつと）

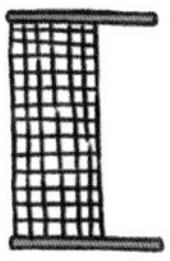

⑨ | マ | ド | レ | ー | |
|---|---|---|---|---|
マドレーヌ（まどれえぬ）

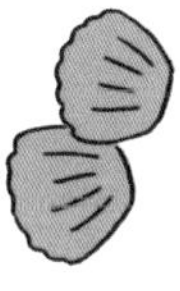

⑩ | | ッ | | レ | |
|---|---|---|---|---|
ネックレス（ねつくれす）

ちいさい 「ッ」や、
のばす おんの
「ー」も きちんと
おぼえよう。

ドラゴンのひみつ
セイリューガは、しずかで おとなしいが、
にんげんとの きずなを たいせつに する。

こたえあわせを
したら ㉔の
シールを はろう！

25 かたかなを かこう
ハ・ヒ・フ・ヘ・ホ

がつ　にち

ゆびで なぞりましょう。

うすい じを なぞってから かきましょう。

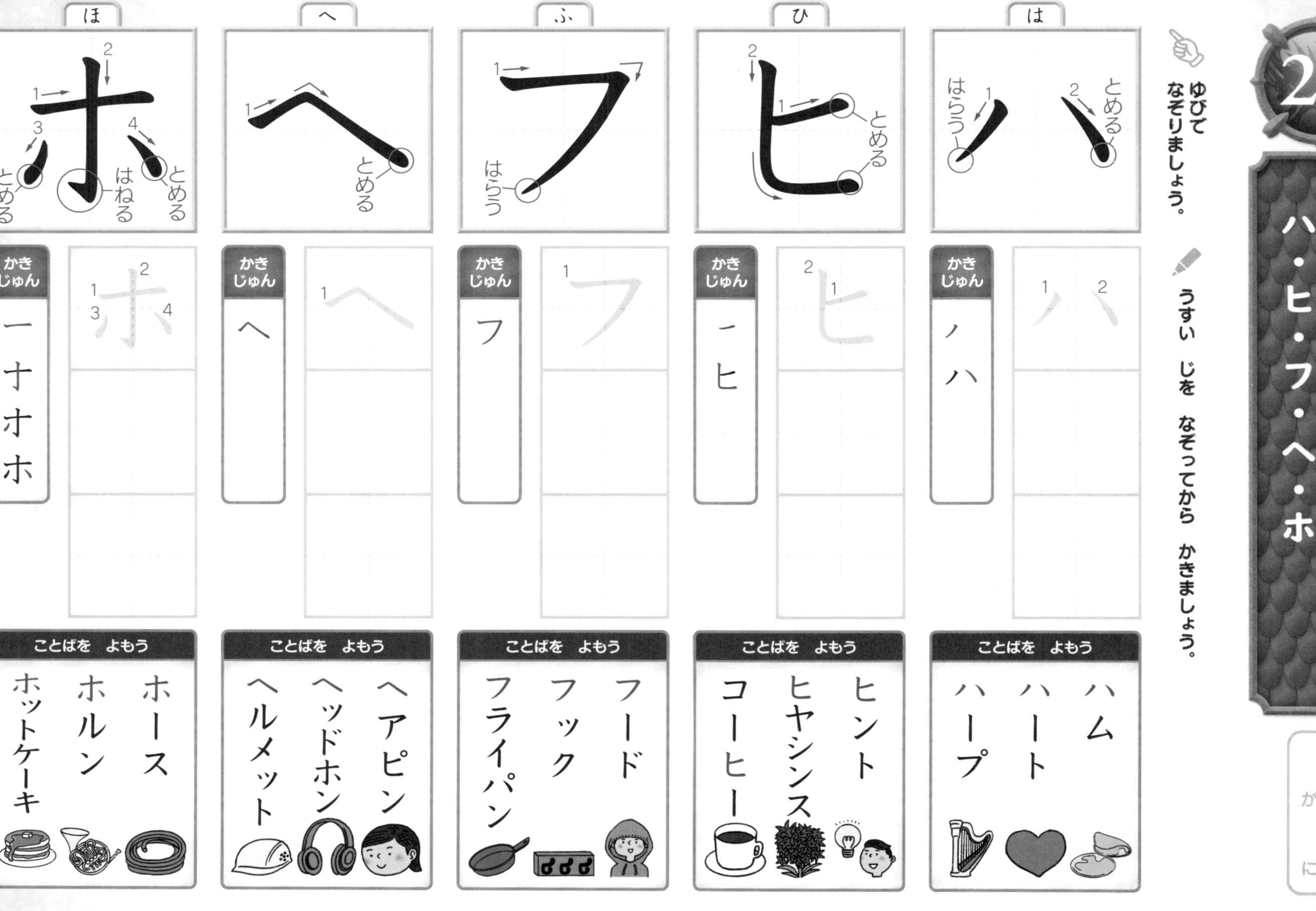

えを　みて、□に　あう　じを　かきましょう。

① | | ム |
ハム（はむ）

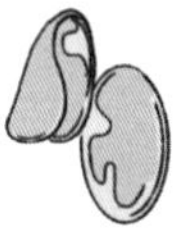

② | | ー | ド |
フード（ふうど）

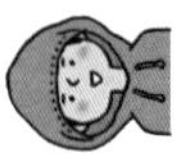

③ | | ー | |
ハート（はあと）

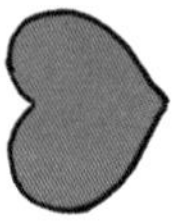

④ | | ー | |
ホース（ほうす）

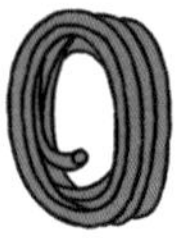

⑤ | | ッ | |
フック（ふっく）

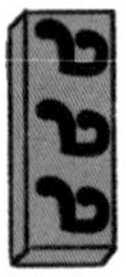

⑥ | | ー | プ |
ハープ（はあぷ）

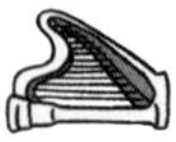

⑦ | | ル | ン |
ホルン（ほるん）

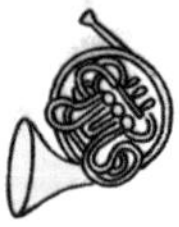

⑧ | | ン | |
ヒント（ひんと）

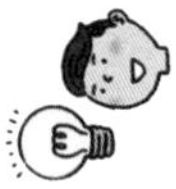

⑨ | | ッ | ド | | ン |
ヘッドホン（へっどほん）

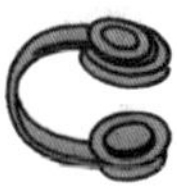

⑩ | | ヤ | | ン | |
ヒヤシンス（ひやしんす）

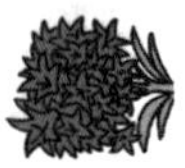

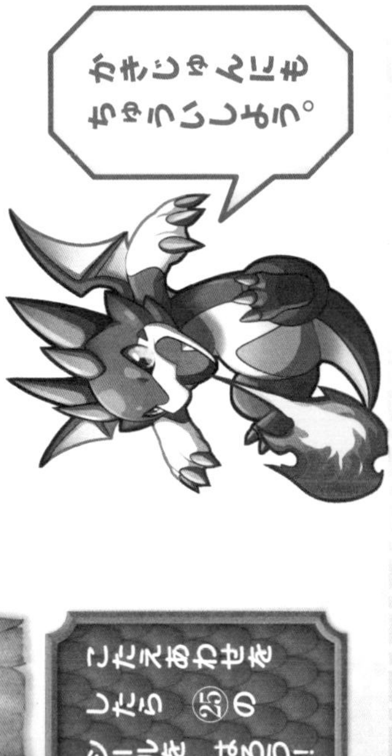

かきじゅんにも
ちゅういしよう。

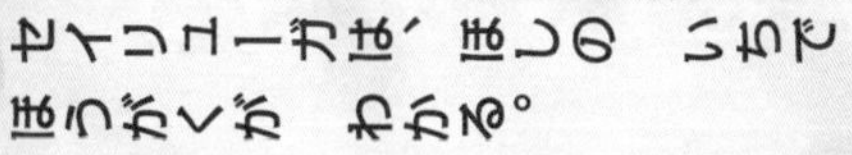

こたえあわせを
したら ㉕ の
シールを　はろう！

26 かたかなを かこう マ・ミ・ム・メ・モ

がつ　にち

ゆびで なぞりましょう。

うすい じを なぞってから かきましょう。

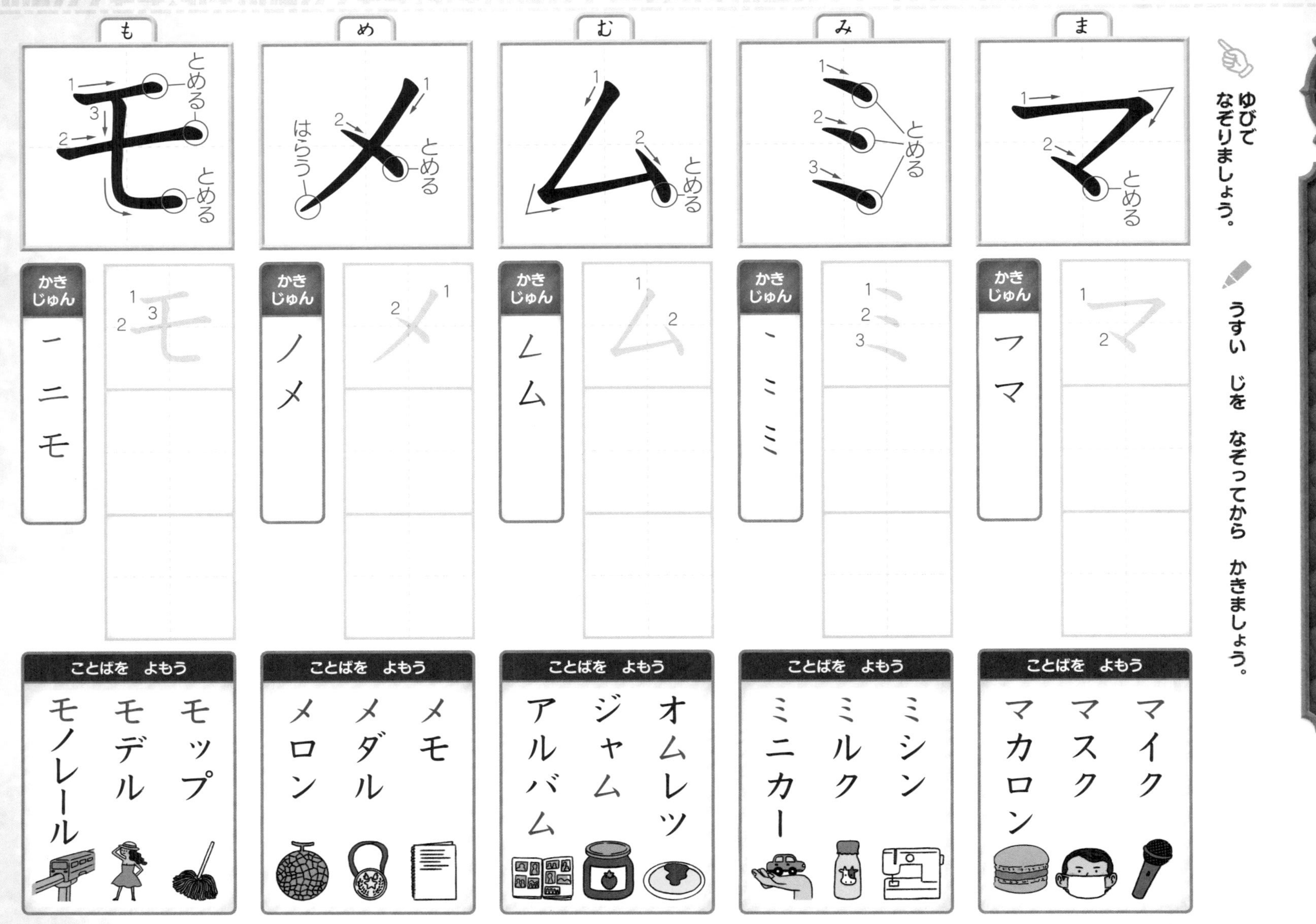

えを　みて、□に　あう　じを　かきましょう。

① 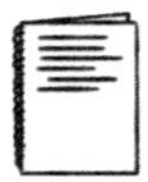 メモ（めも）　□□

② 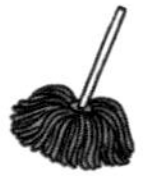 モップ（もっぷ）　□ツプ

③ 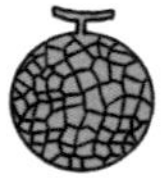 メロン（めろん）　□ロン

④ 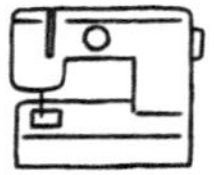 ミシン（みしん）　□□ン

⑤ 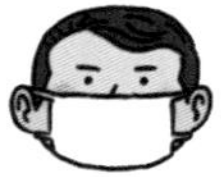 マスク（ますく）　□□□

⑥ 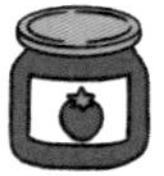 ジャム（じゃむ）　ジャ□

⑦ 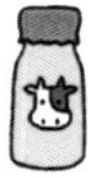 ミルク（みるく）　□ル□

⑧ 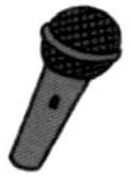 マイク（まいく）　□□□

⑨ 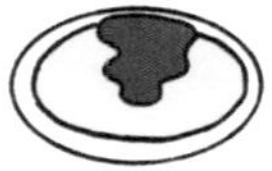 オムレツ（おむれつ）　□□レ□

⑩ 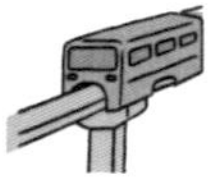 モノレール（ものれえる）　□□レール

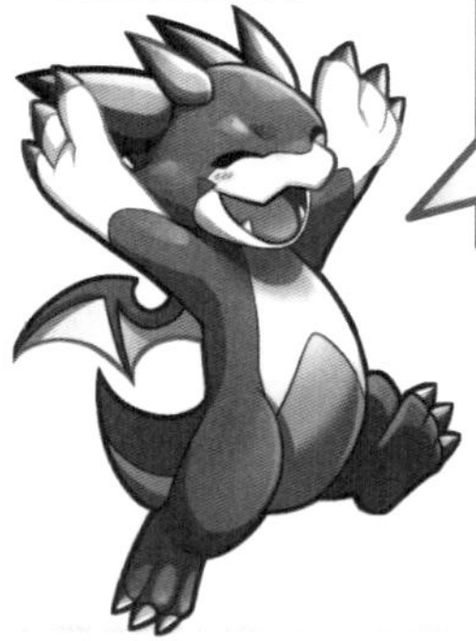

じの　かたちを
しっかり
たしかめよう。

よぞらを　とぶ　セイリューガを　みた
ひとは、おうさまに　なると　いわれて　いる。

こたえあわせを
したら ㉖ の
シールを　はろう！

27 かたかなを かこう ヤ・ユ・ヨ

がつ にち

ゆびで なぞりましょう。

うすい じを なぞってから かきましょう。

ヤ（や）

とめる

かきじゅん：ヤ

ことばを よもう
- イヤリング
- タイヤ
- ダイヤ

ユ（ゆ）

とめる

かきじゅん：ユ

ことばを よもう
- ユニーク
- ユーフォー
- ユニホーム

ヨ（よ）

とめる

かきじゅん：ヨ

ことばを よもう
- ヨット
- ヨーヨー
- ヨーグルト

【にて いる かたかなを かきましょう。】

① コ□ラの □マと こども。

・コアラの ママと こども。

② ブラ□と バケ□。

・ブラシと バケツ。

えを　みて、□に　あう　じを　かきましょう。

① タイヤ（たいや）

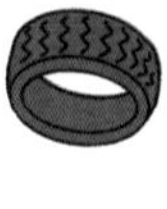

② ヨット（よっと）　□ッ□

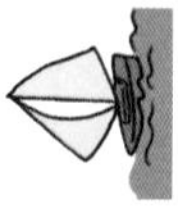

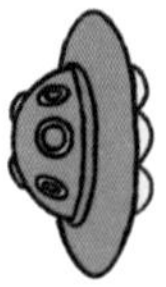

③ ユーフォー（ゆうふぉう）　□ーーオー

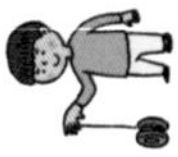

④ ヨーヨー（よおよお）　□ー□ー

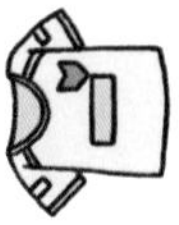

⑤ ユニホーム（ゆにほうむ）　□□□ー□

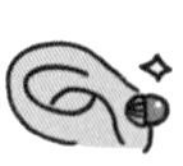

⑥ イヤリング（いやりんぐ）　□□リング

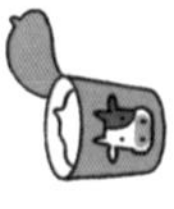

⑦ ヨーグルト（よおぐると）　□ーグル□

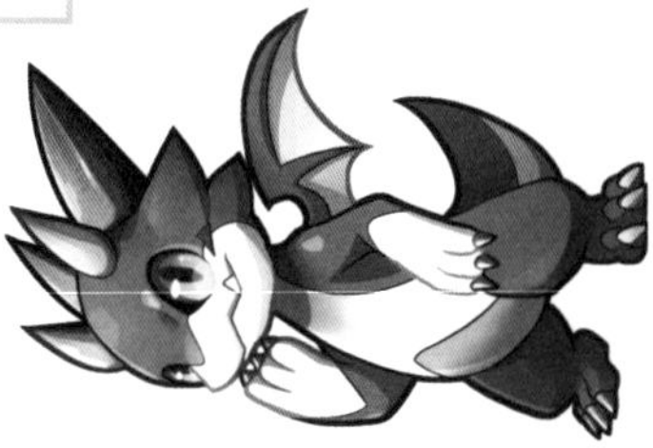

「ヨ」を、「E」と
かかないように
ちゅういしよう。

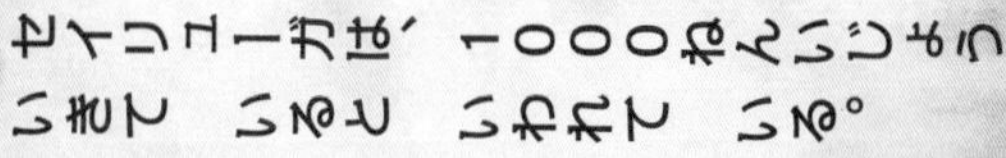

こたえあわせを
したら ㉗ の
シールを　はろう！

28 かたかなを かこう ラ・リ・ル・レ・ロ

がつ にち

ゆびで なぞりましょう。

うすい じを なぞってから かきましょう。

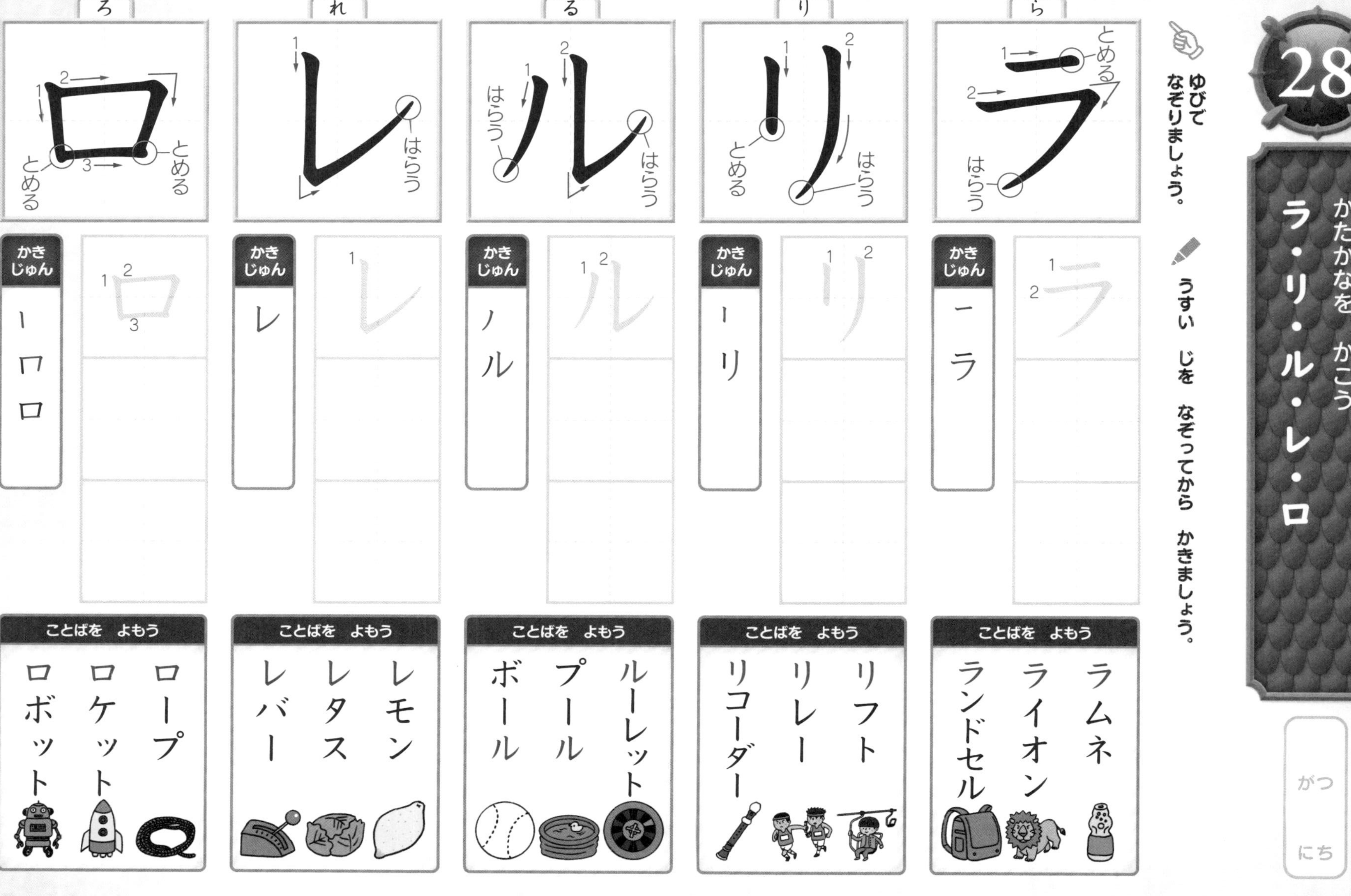

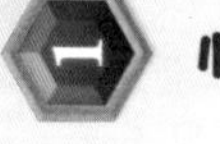

1 えを みて、□に あう じを かきましょう。

① 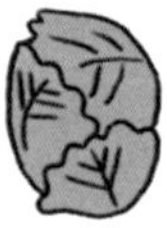
□ □ □
レタス（れたす）

② 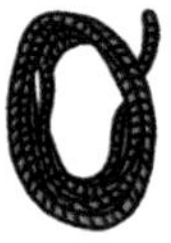
□ ー プ
ロープ（ろうぷ）

③ 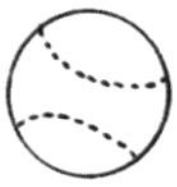
ボ ー □
ボール（ぼうる）

④ 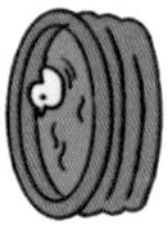
プ ー □
プール（ぷうる）

⑤ 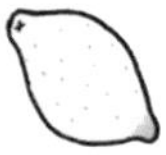
□ □ ン
レモン（れもん）

⑥ 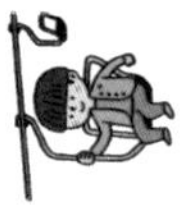
□ □ □
リフト（りふと）

⑦ 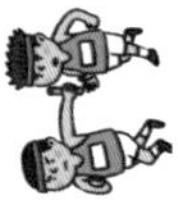
□ □ ー
リレー（りれえ）

⑧ 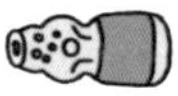
□ □ □
ラムネ（らむね）

⑨ 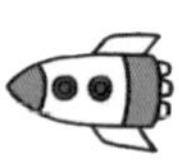
□ □ ッ □
ロケット（ろけっと）

⑩ 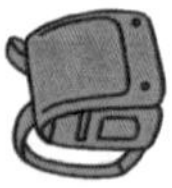
□ ン ド □ □
ランドセル（らんどせる）

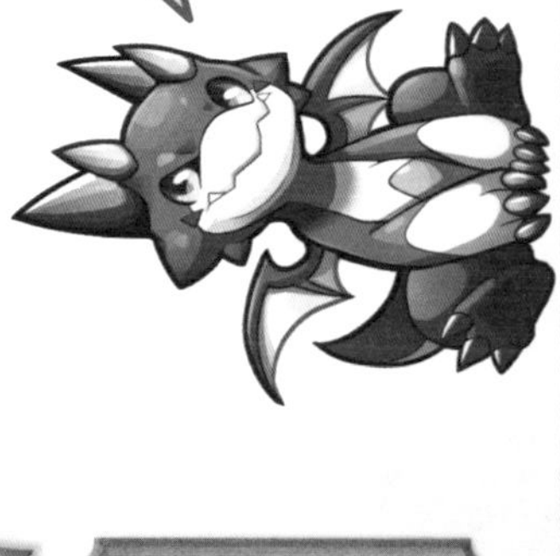
みぢかな
ことばが
たくさん あるね。

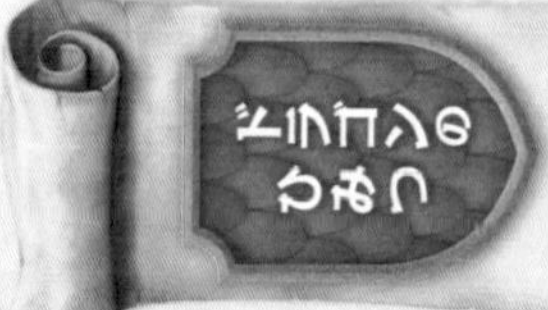

ドラゴンの ひみつ
テンライコウは、やさしくて つよい ひかりりゅうぞくの リーダーだ。

こたえあわせを したら ㉘の シールを はろう！

29 かたかなを かこう ワ・ヲ・ン

がつ　にち

ゆびで なぞりましょう。

うすい じを なぞってから かきましょう。

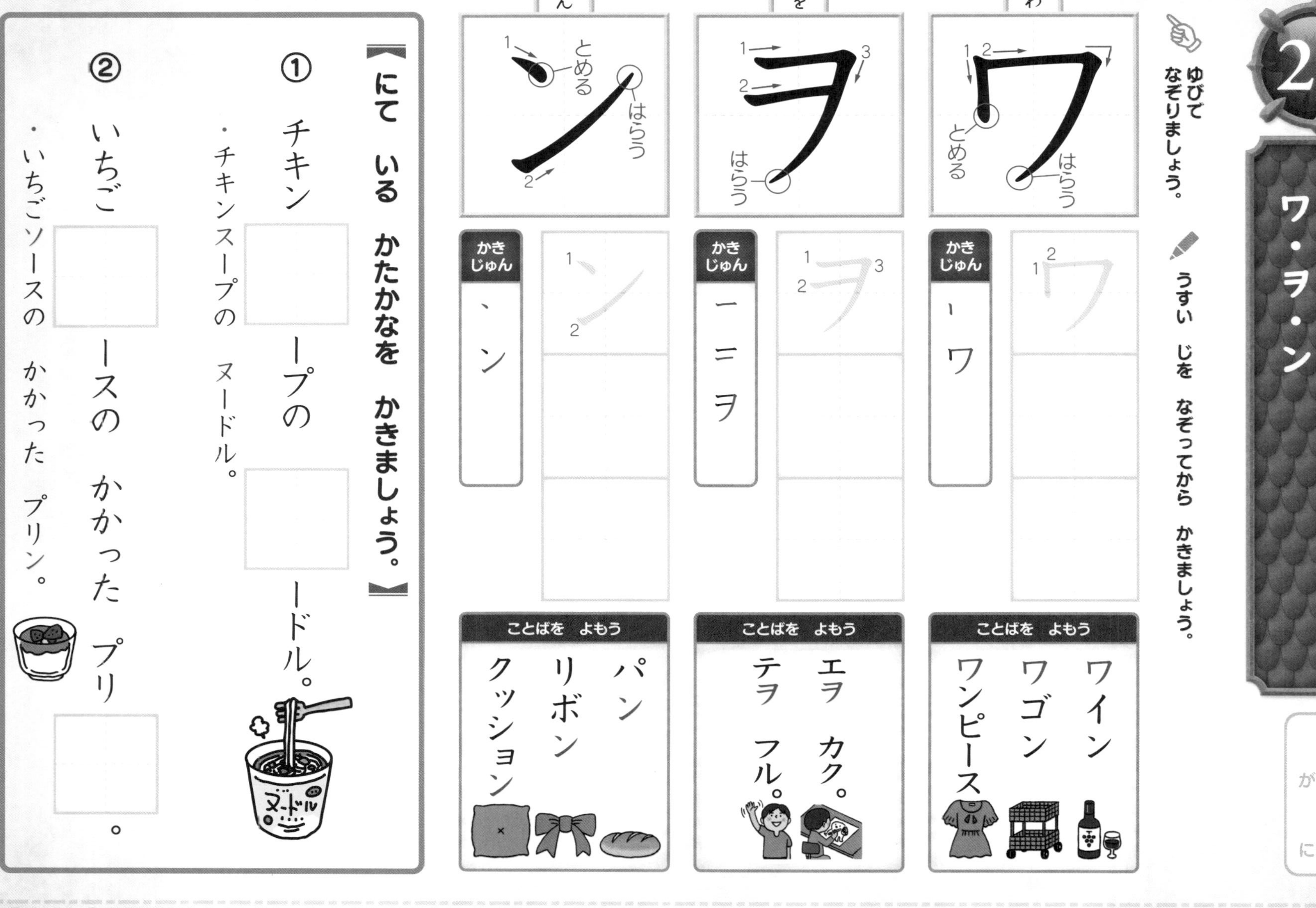

【にて いる かたかなを かきましょう。】

① チキン□ープの □ードル。

・チキンスープの ヌードル。

② いちご□ースの かかった プリ□。

・いちごソースの かかった プリン。

1 えを みて、□に あう じを かきましょう。

① ワイン（わいん）
□□□

② ワゴン（わごん）
□ゴ□

③ リボン（りぼん）
□ボ□

④ エヲ カク。（えを かく。）
□□ □□。

⑤ テヲ フル。（てを ふる。）
□□ □□。

⑥ ワンピース（わんぴいす）
□□ピー□

⑦ クッション（くっしょん）
□ツ□ヨ□

これで
かたかなの
れんしゅうは
ばっちり。

テンライコウは、ただしくて ゆうかんな にんげんの まえにしか あらわれない。

こたえあわせを したら ㉙の シールを はろう!

30 「゛」の つく かたかな①

ガ・ギ・グ・ゲ・ゴ ザ・ジ・ズ・ゼ・ゾ

がつ　にち

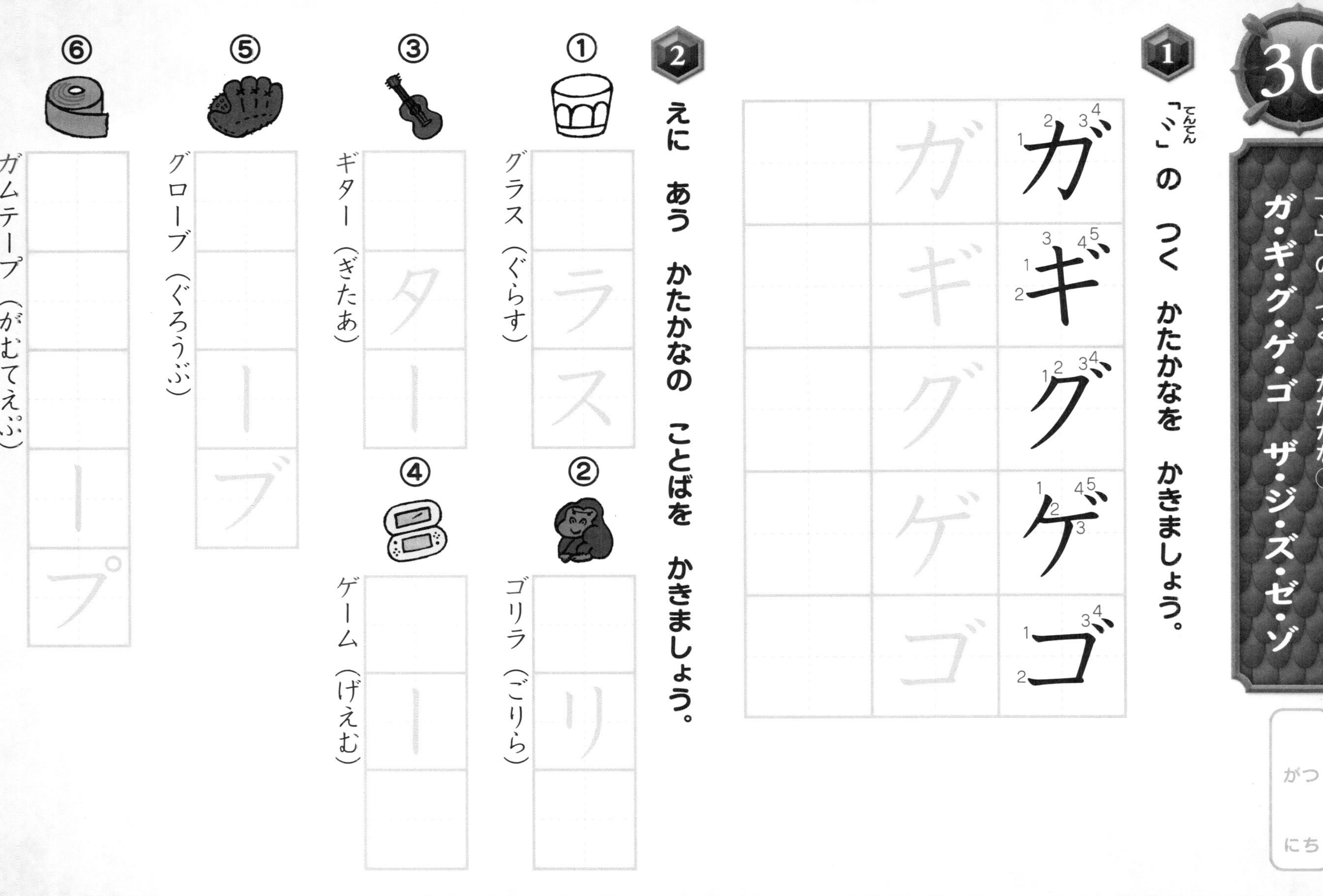

1 「゛」の つく かたかなを かきましょう。

ガ　ギ　グ　ゲ　ゴ

2 えに あう かたかなの ことばを かきましょう。

① グラス（ぐらす）

② ゴリラ（ごりら）

③ ギター（ぎたあ）

④ ゲーム（げえむ）

⑤ グローブ（ぐろうぶ）

⑥ ガムテープ（がむてえぷ）

3 「゛(てんてん)」の つく かたかなを かきましょう。

4 えに あう かたかなの ことばを かきましょう。

① ピザ（ぴざ）

② ジャム（じゃむ）

③ ゼリー（ぜりい）

④ ズボン（ずぼん）

⑤ ジーンズ（じいんず）

⑥ ゼッケン（ぜっけん）

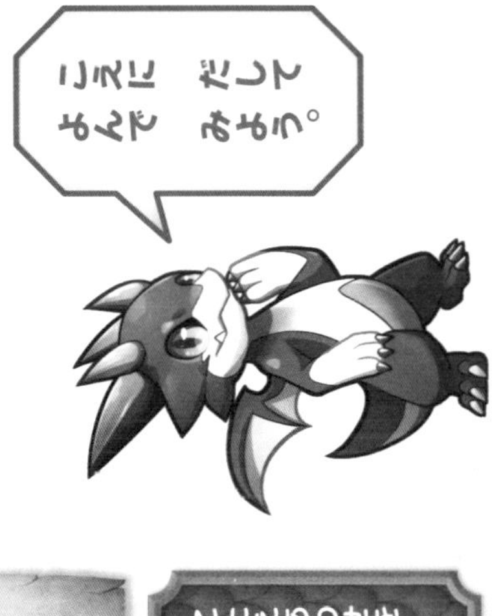

こえに だして よんで みよう。

テンライコウは、あたまが よく、みらいを みとおす ちからを もつ。

こたえあわせを したら ㉚の シールを はろう！

31 「゛」の つく かたかな②
ダ・ヂ・ヅ・デ・ド バ・ビ・ブ・ベ・ボ

がつ　にち

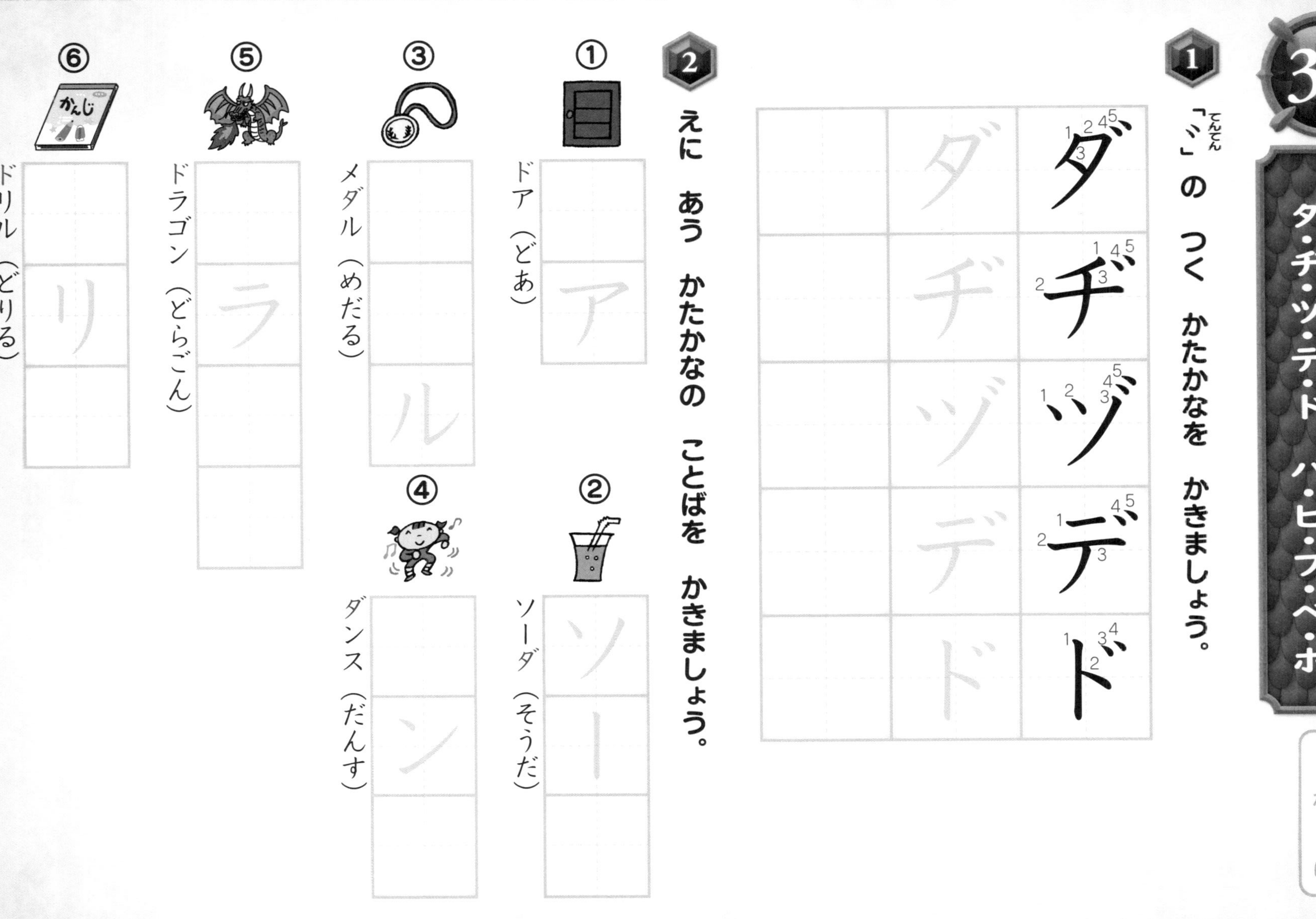

1 「゛（てんてん）」の つく かたかなを かきましょう。

ダ ヂ ヅ デ ド

2 えに あう かたかなの ことばを かきましょう。

① ドア（どあ）

② ソーダ（そうだ）

③ メダル（めだる）

④ ダンス（だんす）

⑤ ドラゴン（どらごん）

⑥ ドリル（どりる）

「゛(てんてん)」の つく かたかなを かきましょう。

バ	バ	
ビ	ビ	
ブ	ブ	
ベ	ベ	
ボ	ボ	

4 えに あう かたかなの ことばを かきましょう。

① ビル（びる）

② バナナ（ばなな）

③ バス（ばす）

④ ベッド（べっど）

⑤ ブーメラン（ぶうめらん）

⑥ ボウリング（ぼうりんぐ）

ドラゴンの ひみつ
テンライコウが あらわれると、そらは くもひとつ なく はれる。

こたえあわせを したら ㉛の シールを はろう！

32

「○（まる）」の つく かたかな

パ・ピ・プ・ペ・ポ

がつ　にち

こたえ 95ページ

1 「○（まる）」の つく かたかなを かきましょう。

パ	ピ	プ	ペ	ポ
パ	ピ	プ	ペ	ポ

2 えに あう かたかなの ことばを かきましょう。

① ペンキ（ぺんき）

② ピエロ（ぴえろ）

③ パスタ（ぱすた）

④ ポスト（ぽすと）

⑤ プール（ぷうる）

⑥ ピアノ（ぴあの）

⑦ パイナップル（ぱいなっぷる）

「○（まる）」を　ただしく　つけて、えに　あう　ことばに　しましょう。

① ハン → □□

② ヘン → □□

③ フリン → □□□

④ ランフ → □□□

⑤ カッフ → □ッ□

⑥ ホット → □ッ□

⑦ スリッハ → □□ッ□

⑧ ヒンセット → □□□ッ□

⑨ ホッフコーン → □ッ□□ー□

みの　まわりでも
「パピプペポ」の
つく　ことばを
さがして　みよう。

テンライコウは、つばさで　たいようの
エネルギーを　きゅうしゅうする。

こたえあわせを
したら ㉜の
シールを　はろう！

33 かたかなの　のばす　おん

がつ　にち

こたえ 95ページ

1 のばす　おんの　ある　ことばを　よみましょう。

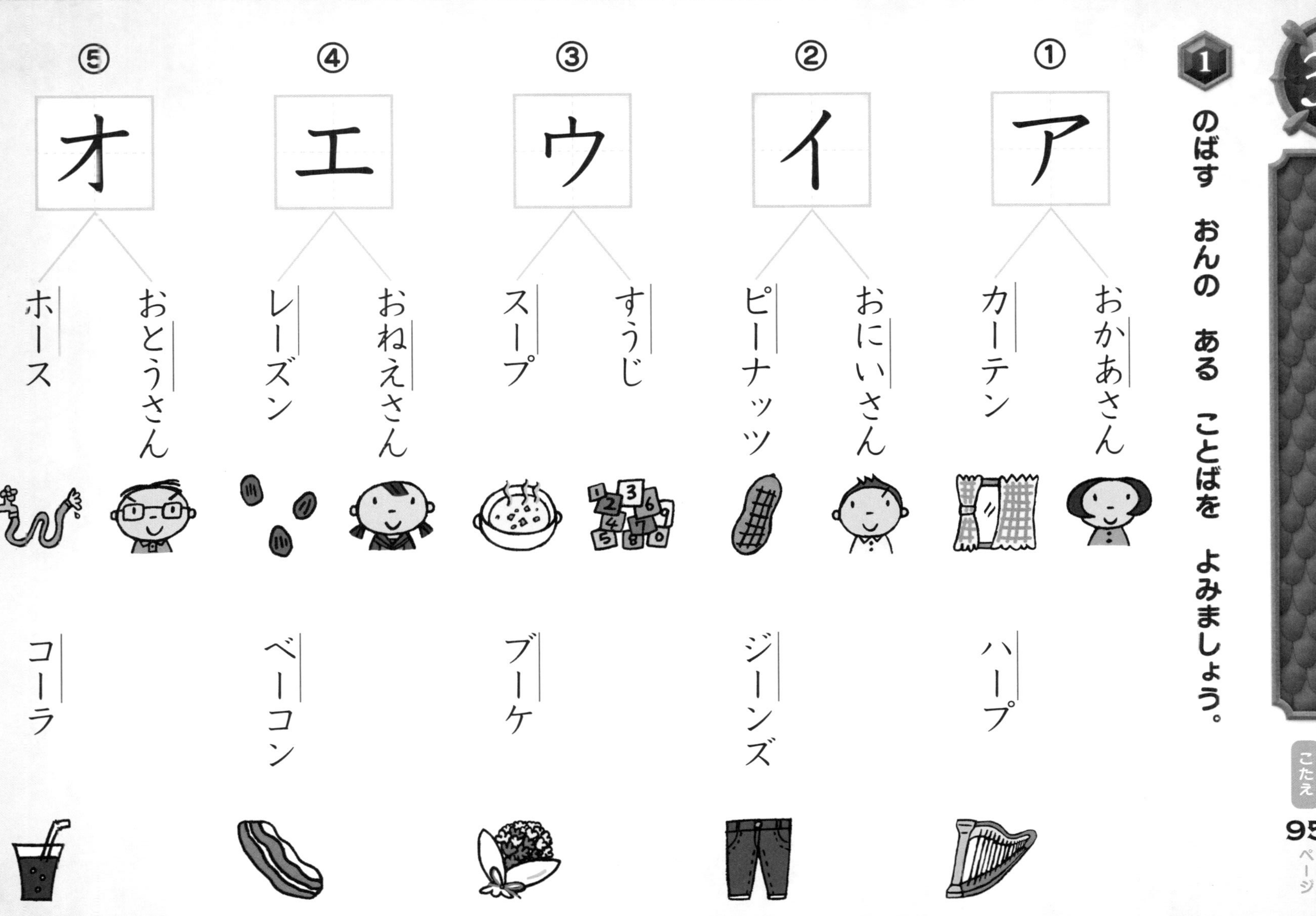

① ア
おかあさん
カーテン
ハープ

② イ
おにいさん
ピーナッツ
ジーンズ

③ ウ
すうじ
スープ
ブーケ

④ エ
おねえさん
レーズン
ベーコン

⑤ オ
おとうさん
ホース
コーラ

2 かたかなの ことばを、ただしく かきなおしましょう。

①  スウツ →

スーツ

②  タワア →

③  シイル →

④  バタア →

⑤  ドウナツ →

⑥  デザアト →

⑦  トオスタア →

⑧  ガアドレエル →

こえに だして よんで みると、わかりやすいよ。

ドラゴンの ひみつ

テンライコウは、むねの クリスタルに エネルギーを ためて はっしゃする。

こたえあわせを したら ㉝の シールを はろう！

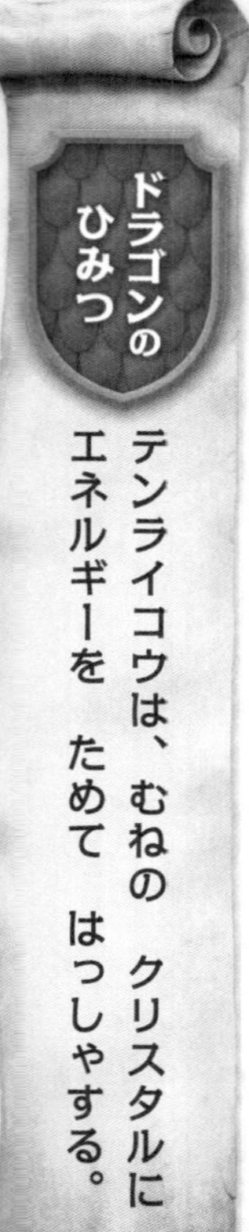

ちいさい 「ャ・ュ・ョ・ッ」の つく ことば

がつ　にち

こたえ 95ページ

1 うすい じを なぞってから かきましょう。ちいさい 「ャ・ュ・ョ・ッ」は、□ の みぎうえに かきます。

					ことばを よもう
ヤ	ャ	ャ			シャツ キャベツ
ユ	ュ	ュ			ジュース チューブ
ヨ	ョ	ョ			チョーク ジョギング
ツ	ッ	ッ			ラップ カッター

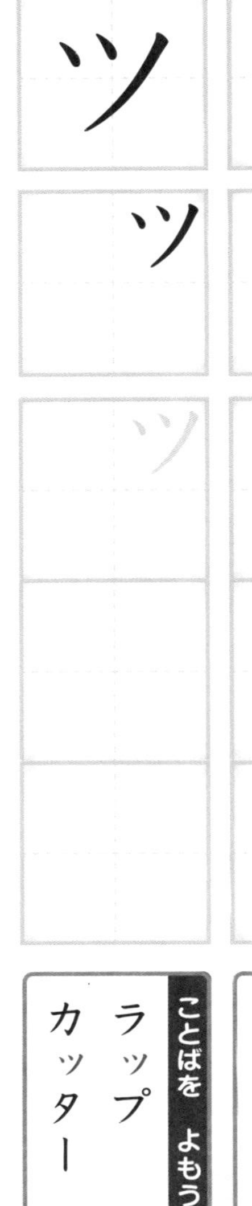

2 ちいさい 「ャ・ュ・ョ」が つく じを よみましょう。

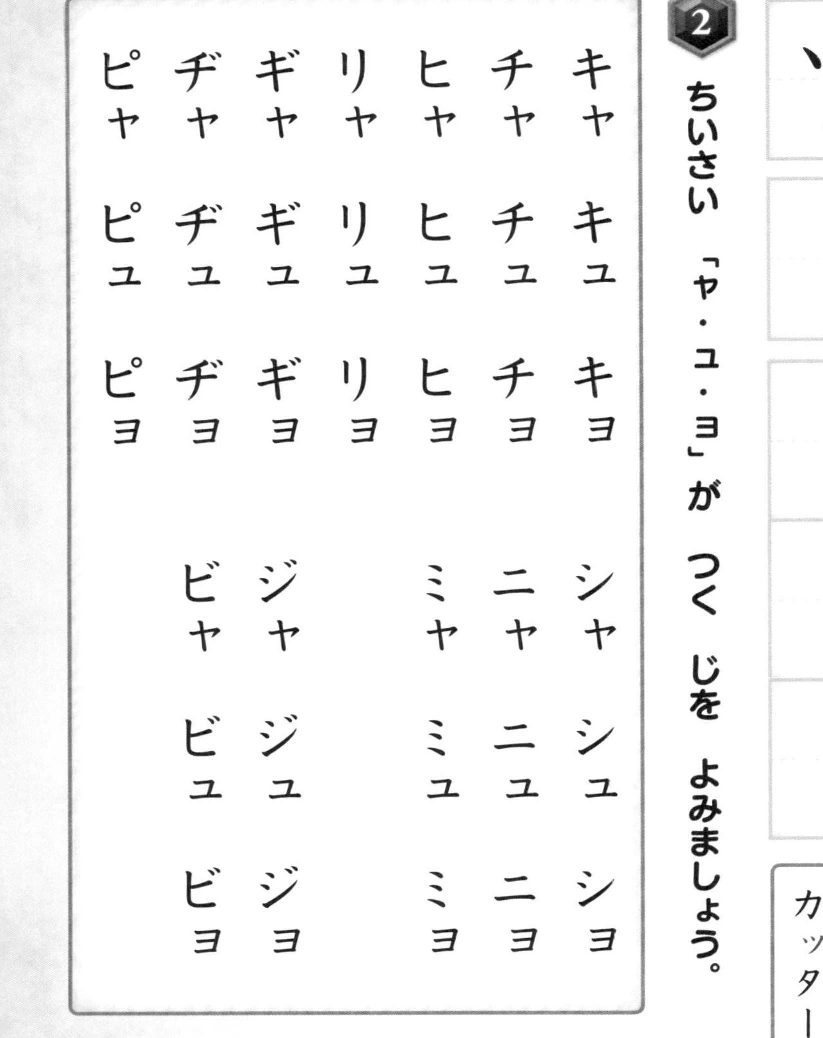

キャ　キュ　キョ
チャ　チュ　チョ
ヒャ　ヒュ　ヒョ
リャ　リュ　リョ
ギャ　ギュ　ギョ
ヂャ　ヂュ　ヂョ
ピャ　ピュ　ピョ

シャ　シュ　ショ
ニャ　ニュ　ニョ
ミャ　ミュ　ミョ

ジャ　ジュ　ジョ
ビャ　ビュ　ビョ

えに　あう　ことばを　□　に　かきましょう。

① マッチ（まっち）

② キック（きっく）

③ カップ（かっぷ）

④ コック（こっく）

⑤ シャワー（しゃわあ）

⑥ ポタージュ（ぽたあじゅ）

⑦ チョコレート（ちょこれえと）

⑧ チューリップ（ちゅうりっぷ）

ちいさい「ャ・ュ・ョ・ッ」は、ます（しかく）の みぎうえに かくよ。

テンライコウが　エネルギーを
ためると、つばさが　ひかる。

こたえあわせを
したら ㉞の
シールを　はろう！

35 まちがえやすい　かたかな

こたえ 95ページ

1 えに　あう　ほうの　ことばを、▢で　かこみましょう。

①

コアラ
コアフ

②

テソト
テント

③

テレビ
チレビ

④

ヌキー
スキー

⑤

バケシ
バケツ

⑥

マイロン
アイロン

⑦

ヨット
ヲット

⑧
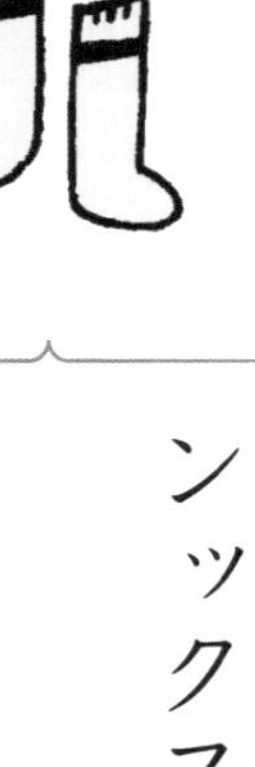
ンックス
ソックス

⑨
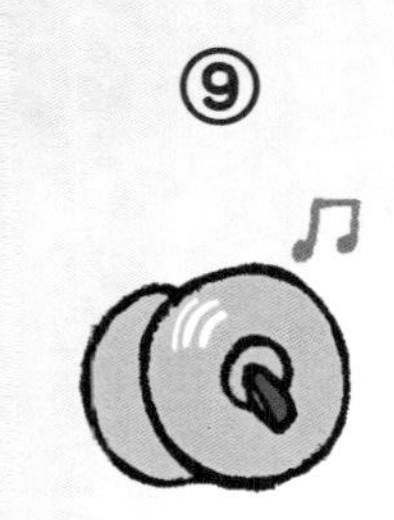

シンバル
ツンバル

⑩

クオル
タオル

2 かたかなの ことばを、ただしく かきなおしましょう。

① 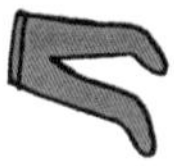 タイシ →

② 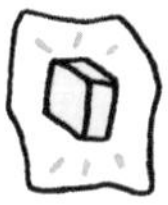 ハタア →

③ 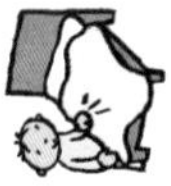 ツーシ →

④ 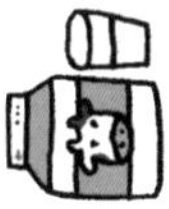 シルク →

⑤ 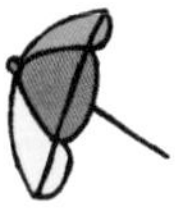 パランル →

⑥ 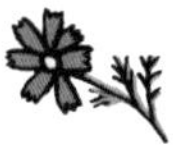 コヌモヌ →

⑦ 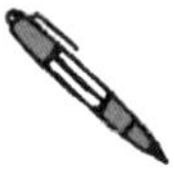 ボウルペソ →

⑧ 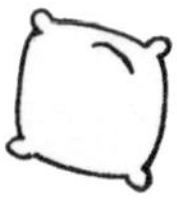 クッツヨソ →

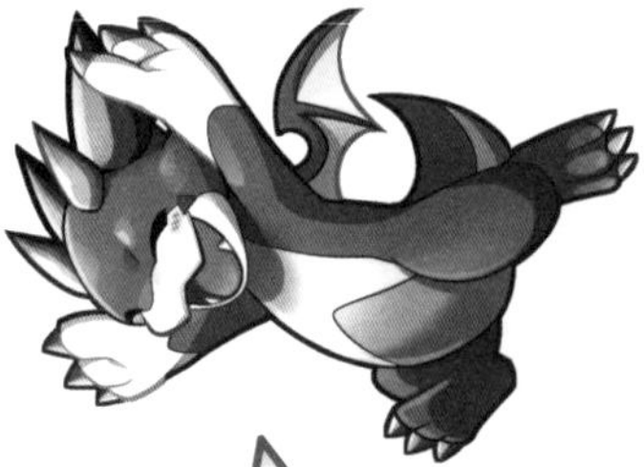

ドラゴンのひみつ テンライコウは、にんげんの れきしを すべて しって いると いわれて いる。

こたえあわせを したら ㉟の シールを はろう！

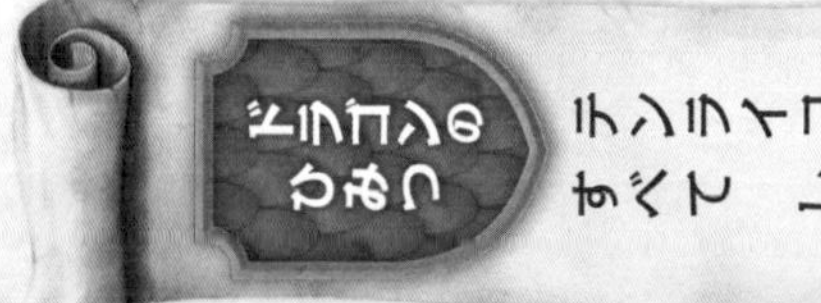

まとめテスト②

がつ　にち

こたえ 96ページ

1 かたかなの　ことばに　かきなおしましょう。

① まふらあ →

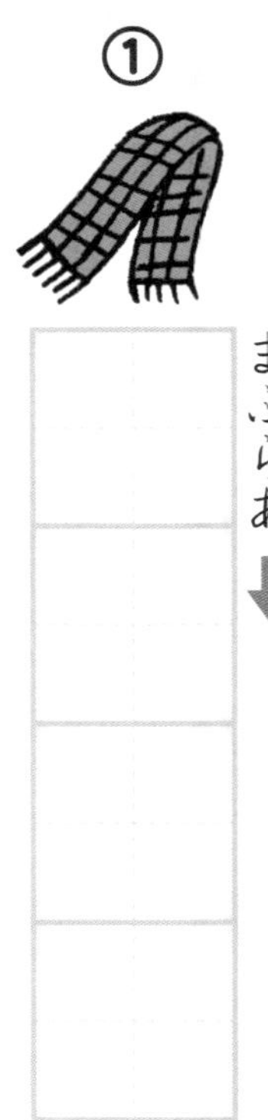

② ようよう →

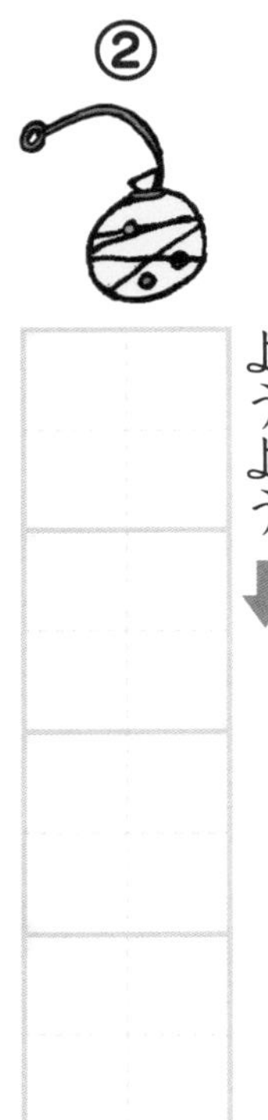

③ ろうるけえき →

④ ばれえぼうる →

2 「〻(てんてん)」や「。(まる)」を　つけて、ただしい　ことばに　しましょう。

① ヒサ →

② ハンタ →

③ ヘンキン →

3 おなじ　よみかたの　ひらがなと　かたかなを　ぬりつぶして、あまる　じを　こたえましょう。

デンボウ

ら　ゴ　ご　リ　ン　ん　ド　ど　ラ

こたえは

ドラゴンの ひみつ

ひかりりゅうぞくは、むかしから　にんげんと　なかよく　すごして　きた。

こたえあわせを　したら　36の　シールを　はろう！

こたえとアドバイス

おうちの方へ
間違えた問題は、見直しをしてしっかり理解させましょう。

※1～12までの答えは省略

13 がぎぐげご・ざじずぜぞ 41～42ページ

1・3 省略

2 ①ごま ②ぐんて ③かぎ ④ごはん ⑤かぐ ⑥れんが ⑦げんがっき

4 ①ぞう ②あんず ③きじ ④かざん ⑤すず ⑥こぜに ⑦じてんしゃ

アドバイス 2・4「゛」（濁点）がつく、「が行」「ざ行」の言葉です。「じ・ず」は、濁点がつく「だ行」の「ぢ・づ」との使い分けに気をつけましょう。

14 だぢづでど・ばびぶべぼ 43～44ページ

1・3 省略

2 ①だい ②でんき ③いど ④はなぢ ⑤えだ ⑥どうろ ⑦みかづき

4 ①かべ ②ろば ③ぶた ④かびん ⑤かば ⑥ぼうし ⑦べんとう

アドバイス 2・4「゛」（濁点）がつく、「だ行」「ば行」の言葉です。2④は「はなじ」と書かないように注意しましょう。ほかに「ぢ」を使う言葉は「身近（みぢか）」「縮む（ちぢむ）」などです。

15 ぱぴぷぺぽ 45～46ページ

1 省略

2 ①さんぽ ②はっぱ ③きっぷ ④はっぴ ⑤かっぱ ⑥しっぷ ⑦しっぽ ⑧らっぱ

3 ①はらっぱ ②ゆたんぽ ③はんぺん ④たんぽぽ ⑤えんぴつ ⑥てっぱんやき

アドバイス 「゜」（半濁点）がつく言葉です。半濁点がつくひらがなは「は行」だけです。

16 ひらがなの のばす おん 47～48ページ

1・2 省略

3 ①とけい ②こおり ③せんべい ④ふくろう ⑤すいえい ⑥いもうと

アドバイス ひらがなののばす音（長音）は、あ段の長音は「あ」、い段は「い」、う段は「う」、え段は「え」、お段は「う」と表記します。ただし、え段とお段には例外があり、言葉によって、え段は「い」、お段は「お」と表記します。

え段の長音を原則どおりに「え」と表記する言葉は、「おねえさん」と、感動詞の「ええ」「へえ」くらいしかありません。あとは、「けいさん」「えいが」「けいさつ」のように、「い」と表記します。

お段の長音は、原則どおりに「う」と表記する言葉が多いのですが、「お」とする言葉もいくつかあります。「お」と表記するものの例を、次の【おぼえかた】のように、ストーリーにして覚えてしまいましょう。

【おぼえかた】
とおくの　おおきな
こおりの　うえを、
おおくの　おおかみ
とお（十）ずつ　とおった。
こおろぎより

17 ちいさい「ゃ・ゅ・ょ・っ」のつく ことば　49〜50ページ

1・2 省略

3 ①きって　②ひょう　③きしゃ　④はっぱ　⑤しっぽ　⑥ばった　⑦ねっこ　⑧いしゃ　⑨きゅうり　⑩ろっぴゃくえん

アドバイス ひらがなを小さく書く「ゃ・ゅ・ょ」は、い段の「き・し・ち・に・ひ・み・り・ぎ・じ・ぢ・び・ぴ」のあとにつきます。

小さく書くひらがなを含んだ言葉はたくさんあります。例えば、「がっこう」「でんしゃ」「しょうゆ」など身の回りにあるものを例にして、小さく書くひらがなに慣れるとよいでしょう。

18 まちがえやすい ひらがな　51〜52ページ

1 ①いぬ　②ねこ　③つくし　④うさぎ　⑤らっぱ　⑥ろうそく　⑦ぼうし　⑧むし　⑨ちょう　⑩わりばし

2 ①はり　②かめ　③ぞう　④はこ　⑤おの　⑥はたけ　⑦ちず　⑧まくら　⑨れいぞうこ　⑩ねったいぎょ

アドバイス 「ぬ・め」、「ね・れ・わ」、「る・ろ」、「さ・き」のように、字形の似たひらがなを、しっかり区別して覚えましょう。

19 まとめテスト①　53〜54ページ

1 ①しっぽ　②ほうき　③ちょう　④はなぢ　⑤みずでっぽう

2 ①きって　②いるか　③ねずみ　④ぬりえ

❸

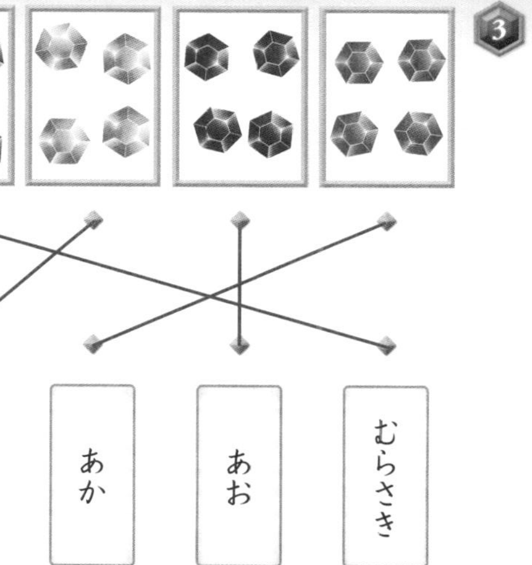

※⑳〜㉛までの答えは省略

32 パピプペポ 83〜84ページ

❶・❷ 省略

❸ ①パン ②ペン
③プリン ④ランプ
⑤カップ ⑥ポット
⑦スリッパ ⑧ピンセット
⑨ポップコーン

33 かたかなの のばす おん 85〜86ページ

❶ 省略

❷ ①スーツ ②タワー
③シール ④バター
⑤ドーナツ ⑥デザート
⑦トースター ⑧ガードレール

アドバイス かたかなののばす音（長音）は、ひらがなとは違って、全て「ー」（長音記号）で表すことを確認しましょう。

34 ちいさい「ャ・ュ・ョ・ッ」の つく ことば 87〜88ページ

❶・❷ 省略

❸ ①マッチ ②キック
③カップ ④コック
⑤シャワー ⑥ポタージュ
⑦チョコレート
⑧チューリップ

35 まちがえやすい かたかな 89〜90ページ

❶ ①コアラ ②テント
③テレビ ④スキー
⑤バケツ ⑥アイロン
⑦ヨット ⑧ソックス
⑨シンバル ⑩タオル

❷ ①タイツ ②バター
③シーツ ④ミルク
⑤パラソル ⑥コスモス
⑦ボールペン ⑧クッション

アドバイス ❶「シ」と「ツ」、「ソ」と「ン」など、字形の似ているかたかなに注意しましょう。

36 まとめテスト② 91～92ページ

1 ①マフラー ②ヨーヨー ③ロールケーキ ④バレーボール

2 ①ピザ ②パンダ ③ペンギン

3

アドバイス 1 かたかなの長音は、ひらがなの長音とは違い、全て「ー」（長音記号）で表すことを改めて確認しましょう。また、2 のように、「゛」（濁点）と「゜」（半濁点）の両方がつく言葉があることにも注目しましょう。